AF816566

LEHRBUCH DER HYPNOSE

VON

P. SCHILDER UND O. KAUDERS
PROFESSOR DR. MED. ET PHIL. DR. MED.
ASSISTENTEN DER PSYCHIATRISCHEN KLINIK IN WIEN

WIEN UND BERLIN
VERLAG VON JULIUS SPRINGER
1926

ISBN-13: 978-3-7091-9558-1 e-ISBN-13: 978-3-7091-9805-6
DOI: 10.1007/978-3-7091-9805-6

ALLE RECHTE, INSBESONDERE
DAS DER ÜBERSETZUNG IN FREMDE SPRACHEN, VORBEHALTEN.
COPYRIGHT 1926 BY JULIUS SPRINGER IN BERLIN.
Softcover reprint of the hardcover 1st edition 1926

Vorwort.

In meiner kleinen Schrift über die Hypnose habe ich versucht, psychologische und biologische Gesichtspunkte in Einklang zu bringen. Der damalige Versuch stützte sich einesteils auf psychoanalytische Forschungen, andererseits auf die Erfahrungen, welche die Encephalitis epidemica vermittelt hat. Ich habe selbst immer wieder versucht, neues Tatsachenmaterial herbeizuschaffen. An der Wiener Klinik haben KAUDERS und HEILIG und HOFF über neue Ergebnisse berichtet. Auch sonst ist wesentliches neues Tatsachenmaterial zutage gefördert worden. Ich erinnere nur an die Untersuchungen von HEYER. Das Sammelbuch von O. SCHWARZ: Psychogenese und Psychotherapie körperlicher Symptome, vermittelt einen guten Einblick über das, was in den letzten Jahren geleistet wurde. Die Lehre vom Zwischenhirn und seinen Funktionen, begründet durch ASCHNER, hat durch die Forschungen von LESCHKE, MÜLLER, F. H. LEWY und DRESEL eine wesentliche Vertiefung erfahren, so daß eine biologisch-physiologische Betrachtung seelischer Vorgänge immer mehr an Boden gewinnt. Eine tief geführte biologische Untersuchung solcher Probleme muß letzten Endes mit den Resultaten einer psychologischen Betrachtungsweise im Einklang stehen. KAUDERS und ich haben uns daher entschlossen, die damals angedeuteten Gesichtspunkte eingehender darzustellen, insbesondere auch deshalb, weil sich unsere theoretischen Voraussetzungen auch praktisch bewährt haben, so daß wir die Hoffnung hegen können, daß unsere Gesichtspunkte auch für breitere ärztliche Kreise von Interesse sein dürften. Wir haben dementsprechend unserer Darstellung eine lehrbuchmäßige Fassung gegeben und haben es unterlassen, allzuviel ins Detail zu gehen. Von der Literatur haben wir im allgemeinen besonders jene herangezogen, welche biologische und physiologische Tatsachen vermittelt. Die psychoanalytische Bearbeitung der Probleme ist von mir allein gegeben.

Wien, November 1925. PAUL SCHILDER.

Inhaltsverzeichnis.

I. Die Erscheinungsweise der Hypnose.

Ich halte einem Menschen, der liegt, einen Schlüssel vor die Augen und befehle ihm, den Schlüssel anhaltend zu fixieren. Gleichzeitig streiche ich ihm immer wieder sanft über die Stirn und wiederhole in mehr oder minder einförmiger Weise, er werde müde, matt, schläfrig, die Glieder würden ihm schwer, er habe das Gefühl wie vor dem Einschlafen, er könne die Augen nur mit Mühe offen halten, er müsse sie schließen. Bei einer Reihe von Personen werden auf diesen Vorgang hin die Augen zufallen. Bei anderen wird es nötig sein, den ausdrücklichen Befehl zum Schließen der Augen zu geben. Die Versuchsperson liegt nun gleich einem Schlafenden da. Sie macht wenig Bewegungen, ist vielleicht ganz regungslos. Ich hebe nun ihren Arm sanft in die Höhe und lasse ihn dann wieder los. Er sinkt weder schlaff nach abwärts noch verbleibt er in seiner Stellung, sondern er bewegt sich in langsamen Ansätzen abwärts, bis er die Unterlage wieder erreicht hat. Ich streiche über den Arm der Versuchsperson und sage ihr eindringlich wiederholt: „Sie spüren, daß der Arm, über den ich streiche, warm geworden ist." Ich streiche über den anderen Arm unter der eindringlichen Versicherung, daß der Arm empfindungslos geworden sei. Ich steche die Hand mit der Nadel, die Versuchsperson zuckt leicht zusammen. Ich streiche nochmals über die Stirn und sage: „Sie sehen ganz deutlich eine schöne Blume." Hierauf „wecke" ich die Versuchsperson mit folgender Formel: „Wenn ich bis drei zähle, werden Sie die Augen öffnen, werden sich vollkommen wohl, frisch und munter fühlen, werden keinen Schwindel, keinen Kopfschmerz haben." Ich zähle bis drei, die Versuchsperson öffnet prompt die Augen und berichtet folgendes: Sie habe nicht geschlafen, habe alle meine Worte gehört. Müdigkeit und Schwere in den Gliedern habe sie wohl gespürt, doch hätte sie, wenn sie nur gewollt hätte, die Augen öffnen und sich bewegen können. Die Wärme habe sie empfunden, ebenso den Stich. Gesehen habe sie nichts. Jetzt empfinde sie leichten Schwindel und leichten Kopfschmerz. Wir haben den Typus einer sehr oberflächlichen Hypnose vor uns.

In anderen Fällen verläuft alles ähnlich, nur erklärt die Patientin nach dem Erwecken, sie könne sich nicht erinnern, an das, was zu ihr gesprochen worden sei. Sie wird sich vielleicht beim Wecksignal, beim Öffnen der Augen Zeit lassen, verwundert umherblicken und sich die

Augen reiben. Freilich pflegen, ohne daß das eine Regel ohne Ausnahme wäre, derartige Fälle die erhobene Hand entweder schlaff und wie leblos herabfallen zu lassen oder die Hand kataleptisch steif in der gegebenen Stellung zu belassen. Hat aber die Versuchsperson die in der Hypnose gegebenen Befehle ausgeführt oder nicht? Hier ist der Weg des Befragens nach dem Erwecken ungangbar, wir befragen während der hypnotischen Prozedur. Wir erhalten dann entweder durch Kopfnicken oder durch mehr oder weniger gedämpftes Sprechen Auskunft über das Ergebnis der Suggestion. Wir machen hier auf jenen Typus der Hypnose aufmerksam, bei welchem trotz geringfügiger Suggestibilität und sogar vielleicht auch geringer Muskelerscheinungen doch Amnesie für das in der Hypnose Erlebte vorhanden ist.

In anderen Fällen treten schwere Erscheinungen in bezug auf die Muskulatur in den Vordergrund. Die Hypnotisierten zeigen extreme Muskelschlaffheit oder ein Steifwerden des ganzen Körpers, Katalepsie, ohne daß eine entsprechende verbale Suggestion gegeben wurde. Manchmal sind Katalepsie und Muskelspannung nur auf suggestivem Wege zu erzielen. Trotz schwerer Muskelerscheinungen muß Suggestibilität auf anderen Gebieten nicht vorhanden sein, die Amnesie kann vorhanden sein oder fehlen. Während solcher Hypnosen kann auch Sprechunfähigkeit vorhanden sein, es wird kein Wort hervorgebracht, was unter Umständen lebhafte Angstgefühle hervorrufen kann.

Motorische Erscheinungen in Form von Zusammenzucken, hysteriformen Schüttelerscheinungen, ja in Form von mehr oder minder ausgeprägten hysterischen Anfällen können den Inhalt einer Hypnose oder auch die Einleitung zu Hypnosen bilden, welche den Eindruck tiefen Schlafes hervorrufen.

„Tiefschlafende“ Hypnotisierte müssen, bevor man sich mit ihnen in Verbindung setzen kann, oft energisch angesprochen werden, man hat den Eindruck als müßten sie, wenigstens zum Teil, geweckt werden. Die Stimme derartiger Hypnotisierter klingt zunächst heiser, leise, kaum verständlich und wird erst im Laufe der Gespräche in der Hypnose klarer, bis sie sich der Wachstimme annähert. Vollständige Muskelschlaffheit ist in solchen Fällen vorhanden, sie kann auf suggestivem Wege meist leicht, aber nicht immer, in Katalepsie übergeführt werden. Bewegungslosigkeit ist nicht immer vorhanden. Die Hypnotisierten können unruhige Bewegungen des Gesamtkörpers und der Extremitäten zeigen. Wärmesuggestion, Anästhesie, Geruchs- und Geschmackssuggestionen werden häufig, optische Suggestionen nicht immer akzeptiert. Der Grad der optischen Suggestibilität ist hierbei sehr verschieden. Flecken, Nebel, Wolken, Farben werden leichter akzeptiert als etwa gestaltete und geformte optische Bilder. Personen, die gestaltete Bilder produzieren, produzieren häufig nur solche, welche ihnen genehm sind, etwa Bilder von nahestehenden Personen, und lehnen es ab, Gleichgültiges, Blumen, Landschaften u. dgl. zu halluzinieren. Werden gestaltete optische Bilder, etwa eine Blume, halluziniert, so ist es meist möglich, die hypnotisierte Person zu veranlassen, nach dem Gegenstand zu fassen, die Blume z. B. zu beriechen, so daß die Versuchsperson dann mit dem suggerierten Gegenstand wie mit einem wirklichen Objekt verfährt. Hypnosen von der hier beschriebenen Art können, aber müssen nicht von Amnesien gefolgt sein. Von den Versuchspersonen, welche das in der Hypnose Erlebte nicht amnesieren, erhält man über die Leibhaftigkeit des „Gesehenen, Gefühlten, Getasteten" verschiedene Angaben. Manche schildern ihre Erlebnisse so, daß man sie nur als lebhafte Vorstellungen bezeichnen kann, andere schildern sie als Anschauungsbilder, bei wieder anderen kann an dem Wahrnehmungscharakter wohl kaum ein Zweifel bestehen. Häufig wird auch die Angabe gemacht, die Halluzinationen seien zwar ganz deutlich, also wahrnehmungsmäßig gegeben gewesen, wären aber in ihren Konturen, Farben unscharf oder wie von einem Schleier bedeckt erschienen. Das Realitätsurteil ist hierbei von dem Leibhaftigkeitsgrade weitgehend unabhängig. Auch wenn die in der Hypnose erteilten Suggestionen nur als Vorstellungen erlebt werden, kann das Bewußtsein gegeben sein, die suggerierten Dinge seien da, während bei gegebenem Wahrnehmungscharakter an das Dasein der Gegenstände nicht geglaubt werden muß. Bei Patienten mit Amnesien erhält man die gleichen Angaben, wenn die Amnesie auf irgendeine Weise behoben wurde. J. H. SCHULTZ berichtet über Schichtenbildungen im hypnotischen Selbstbeobachten. Zuerst erscheinen im Gesichtsfeld des Hypnotisierten ungeformte Farb- und Hell-Dunkelerlebnisse, ähnlich den Nachbildern. Dann erst wird das optische Erleben geformter, läuft in Form eines vielfach geschichteten Bildstreifens ab, formt sich dann straffer und zerfällt schließlich wieder in vage Form- und Farberlebnisse ohne klar faßbaren Inhalt.

Bei einer Reihe von Hypnotisierten ist es möglich, Halluzinationen auf allen Sinnesgebieten, auch bei offenen Augen, zu erzielen, gleichzeitig können die vorhandenen Wahrnehmungsgegenstände dem Hypnotisierten zum Entschwinden gebracht werden. Er sieht dann Personen nicht, welche sich im Zimmer befinden, und er nimmt auch bei entsprechender hypnotischer Suggestion nicht die dort befindlichen Gegenstände wahr (negative Halluzination). Die Handlungen sind dann ausschließlich durch die suggerierten Objekte bestimmt. Freilich muß der Hypnotisierte irgendein Wissen von den negativ halluzinierten Gegenständen haben, denn er weicht Hindernissen aus und er wendet — eine Tatsache von großem Interesse — die Augen von den negativ halluzinierten Gegenständen ab. Viele Versuchspersonen geben bei eindringlichem Befragen nach der Hypnose auch an, sie hätten den negativ halluzinierten Gegenstand doch irgendwie gesehen nach Art eines ganz undeutlich geformten Gesichtseindruckes im äußersten seitlichen Gesichtsfeld. Eine der von uns beobachteten Versuchspersonen, der als posthypnotischer Auftrag die Suggestion erteilt worden war, die Person des Hypnotiseurs durch eine bestimmte Zeit lang nicht zu sehen, gab nach Ablauf dieser Zeit an, sie hätte zwar eine Gestalt gesehen, aber unscharf, sie hätte in ihr trotz Bemühens die Person des Hypnotiseurs nicht erkannt. Eine andere gab bei dem gleichen posthypnotischen Auftrag an, statt des Gesichtes des Hypnotiseurs nur einen weißen Fleck gesehen zu haben. Bei den Handlungen im suggestiv verfälschten Gegenstandsbereich macht ein Teil der Hypnotisierten den Eindruck taumeligen Benommenseins. Sie stehen unsicher, schwanken, haben einen leicht verglasten Blick, sind in Gefahr hinzustürzen, ihre Bewegungen sind ungeschickt und unsicher. Andere wiederum zeigen Handlungen und Bewegungen, welche sich von denen des Alltags nicht wesentlich unterscheiden. Bei dem erstgenannten Typus werden Befehle häufig nur ungenügend erfaßt, bei dem zweiten nähert sich die Auffassungsfähigkeit der des Alltags. Auch bei solchen tiefen Graden der Hypnose muß Erinnerungslosigkeit an das in der Hypnose Erlebte nicht vorhanden sein. Allerdings kann sie durch Befehl während der Hypnose hervorgerufen werden.

Hiermit ist das erste Beispiel dafür gegeben, daß in der Hypnose gegebene Befehle über diese hinaus wirken können. Die posthypnotischen Suggestionen wird man zweckmäßig in zwei Gruppen einteilen können. Die erste Gruppe enthält jene Befehle, welche vom Standpunkte des hypnotisierten Individuums aus vernünftig sind; etwa die therapeutischen. Die zweite Gruppe enthält jene Befehle, welche, wiederum vom Standpunkt des Hypnotisierten aus, unvernünftig sind, welche keinen irgendwie erkennbaren Sinn haben: etwa auf ein bestimmtes Zeichen hin in die Hände zu klatschen, an die Türe zu klopfen. Manche dieser Befehle widerstreben sogar der Vernunft und verlangen von dem Individuum Dinge, welche dem Anstand und der gesellschaftlichen Gewohnheit widersprechen und das Individuum der Lächerlichkeit preisgeben; so wenn etwa von einer Dame verlangt wird, sie solle sich den Hut einer fremden Person aufsetzen u. dgl. mehr. Es kann entweder die sofortige Ausführung der posthypnotischen Befehle gefordert werden, die Ausführung des posthypnotischen Befehles kann aber auch für eine Zeit verlangt werden, die beliebig lange hinter der Hypnose liegt, bis zu Wochen oder Monaten. Schließlich kann die Ausführung eines posthypnotischen Befehls an eine bestimmte Bedingung geknüpft werden. Zum Beispiel in der Form, daß man suggeriert: „Wann immer Sie das Wort Morphium hören, wird Ihnen schlecht werden." Man kann nun sagen, posthypnotische Befehle können im allgemeinen bei jedem Hypnosetypus befolgt werden, wenn sie dem Typus der vernünftigen Befehle angehören. Die Amnesie kann freilich auch die Durchführung vernünftiger Befehle unterstützen. Die unvernünftigen Befehle haben zwar im allgemeinen nur dann Aussicht durchgeführt zu werden, wenn eine Amnesie vorhanden ist, welche sie vor der Kritik des klaren Bewußtseins schützt. Doch handelt es sich keineswegs um eine Regel ohne Ausnahme. Unvernünftiges kann auf dem Wege der Suggestion auch dann erzwungen werden, wenn keine Amnesie vorhanden ist. Im allgemeinen werden posthypnotische Befehle der unvernünftigen Art nur von jenen Personen akzeptiert, welche auch sonst höhere Grade der Suggestibilität zeigen. Doch haben wir erst kürzlich wieder einen Fall beobachtet, bei welchem, obwohl optische Suggestibilität nicht erzielbar war, posthypnotische Befehle prompt ausgeführt wurden. So das Eintreten einer besonderen Heiterkeit auf ein bestimmtes Signal hin, in die Hände klatschen u. dgl. m. Also auch hier besteht keine Gesetzmäßigkeit. Andererseits erfüllen auch Hypnotisierte, die innerhalb der Hypnose bis zur negativen Halluzination kommen, außerordentlich häufig posthypnotische Suggestionen (der unvernünftigen Art) nicht. Handelt es sich um Hypnotisierte, welche während der Hypnose den Zustand traumhafter Verlorenheit gezeigt haben, so wird der posthypnotische Befehl sehr häufig nur unvollkommen durchgeführt. So gibt es etwa Versuchspersonen dieser Art, welche sich des Auftrages, jedesmal auf die Frage, wie es ihnen gehe, mit dreimaligem Händeklatschen zu antworten, in der Form entledigen, daß sie sofort nach dem Erwecken in die Hände klatschen. Offenbar war die Auffassung des in der Hypnose gegebenen Befehles eine ungenügende. Am besten führen jene Hypnotisierten posthypnotische Befehle aus, die bei ausgezeichneter Suggestibilität den Eindruck klarer Besinnung machen.

Die posthypnotischen Beschwerden pflegen bei den tieferen Graden der Hypnose im allgemeinen stärker ausgeprägt zu sein. Eine Ausnahme davon machen jene Hypnotisierten, welche den Eindruck machen, als handelten sie während der Hypnose in der suggerierten Welt nicht viel anders als im Wachzustande.

Es wurde bereits bei der Beschreibung der optisch Suggestibeln erwähnt, daß der Hypnotisierte einen Eigenwillen zeigen kann, in bezug auf das, was er sich suggerieren läßt. Es gibt keinen Grad der Hypnose, bei welchem die Zeichen des Eigenwillens schwinden müßten. Eine sehr häufige Form der Hypnose ist die, daß die hypnotische Person in einen Schlaf verfällt, aus welchem heraus ein Rapport nicht herzustellen ist. Andere optisch gut suggestible Hypnotisierte erwachen nicht auf das gegebene Zeichen, sondern erst nach energischerem Eingreifen. Man kann es fast als die Regel bezeichnen, daß der Hypnotisierte nur ungern und widerstrebend sich von dem Zustand des Schlafes trennt. In extremen Fällen sind Hypnotisierte aus ihrem Schlafe durch Tage hindurch nicht zu erwecken. Gar nicht selten gleitet der Hypnotisierte aus der Hypnose in einen Zustand hinüber, in welchem er nur seinen eigenen Interessen lebt. Der Rapport mit dem Hypnotiseur löst sich mehr oder minder vollkommen und es entwickelt sich mehr oder minder deutlich das Bild des hysterischen Ausnahmezustandes, das in ungünstigen oder ungeschickt geleiteten Fällen unter Umständen sich tagelang behaupten kann. Wir haben einen Fall beobachtet, bei dem einige Stunden nach einer der üblichen öffentlichen Hypnosevorführungen, in der die Patientin selbst als Medium benutzt worden war, als hysterische Reaktion auf dieses, die Patientin sehr alterierende Erlebnis der öffentlichen Hypnose, ein 24 Stunden dauernder Zustand unerweckbaren Schlafes auftrat, der die Überbringung der Patientin an die psychiatrische Klinik notwendig machte. Daß hysterische Anfälle die Hypnose einleiten können, wurde bereits erwähnt. Auch im hysterischen Anfall lebt ja das Individuum seine eigenen Wünsche aus. Auch im weiteren Verlauf von Tiefhypnosen können hysterische Anfälle der verschiedensten Form in Erscheinung treten.

Je tiefer der Grad der Hypnose, desto leichter ist der Übergang zu den Erscheinungen aus dem Bereiche der Hysterie. Tief Hypnotisierte mit klarer Besinnung in der Hypnose machen allerdings auch hier wieder eine Ausnahme. Die Art, wie die Tiefhypnose eintritt, ist außerordentlich verschieden. Manchmal genügen die ersten Striche, um sie sofort hervorzurufen. In anderen Fällen tritt sie über Zwischenstufen aus der oberflächlicheren Hypnose ein. Manchmal tritt die Tiefhypnose erst bei oft wiederholten Versuchen innerhalb einer Sitzung ein, manchmal erst im Verlaufe einiger Tage nach mehreren hypnotischen Sitzungen. Die Suggestibilität in der Tiefhypnose pflegt bei der Wiederholung der Hypnose im allgemeinen zuzunehmen. Auch wird das Bewußtsein bei späteren Tiefhypnosen klarer, bis schließlich nach wiederholten Hypnosen das Bild erreicht wird, das uns in dem auch die unsinnigsten Befehle ausführenden, dressierten Medium entgegentritt. Man muß allerdings sagen, daß der Dressurvorgang mit der Hypnose selbst nichts unmittelbar zu tun hat. Hier liegen Übergänge zur Wachsuggestion vor. Denn alle Erscheinungen einer erhöhten Suggestibilität können auch erhalten werden, unabhängig vom Schlafzustand und unabhängig von allen jenen Erscheinungen der Müdigkeit, des Schwindels u. dgl. m.

Man sieht, welche Fülle von Variationsmöglichkeiten in bezug auf die Erscheinungsweise der Hypnose gegeben ist. Eine schematische Einteilung verschiedener Grade der Hypnose verbietet sich hiernach ganz von selbst. Forel unterscheidet 1. Somnolenz. Der Beeinflußte kann unter Aufwendung einer gewissen Energie der Suggestion widerstehen und die Augen öffnen. 2. Leichter Schlaf oder Hypotaxie oder Charme. Der Beeinflußte kann die Augen nicht mehr aufmachen, muß überhaupt einem Teil der Suggestionen oder allen Suggestionen gehorchen, mit Ausnahme der Amnesie. Er wird nicht amnestisch. 3. Tiefer Schlaf oder Somnambulismus, durch Amnesie nach dem Erwachen und posthypnotische Erscheinungen charakterisiert. (Auch diese Einteilung wird der Fülle der Erscheinungen nicht gerecht, genügt aber für eine oberflächliche Orientierung.)

II. Die Wirkungen der Hypnose.

Wir haben die Abänderungen dargestellt, welche die Hypnose in Bezug auf die Wahrnehmungs- und Vorstellungstätigkeit des Individuums schafft und haben gezeigt, wie durch die Hypnose Willen und Handlungen beeinflußt werden. Daß die Wirkungen der Hypnose damit keineswegs erschöpft sind, geht schon daraus hervor, daß ja auch an den Bewegungsapparaten Veränderungen eintreten, welche nach unserer Darstellung gar nicht unmittelbare Folgen einer suggestiv hervorgerufenen Vorstellung oder Empfindung sind. Schließlich tritt ja auch im Laufe der Hypnose ein Zustand ein, den wir in mancher Hinsicht dem Schlafe gleichstellen müssen. Mit dem Eintreten der Tiefhypnose tritt nach Heilig und Hoff (noch nicht publiziert) ebenso wie im tiefen Schlafe auf Adrenalininjektion nur geringe Blutdruckerhöhung ein. An Stelle der normalen Adrenalinreaktion ist eine „vagotonische" getreten.

Es treten mit der Hypnose Veränderungen des Körpers ein und zwar solche, welche der unmittelbaren Willkür entzogen sind, also Veränderungen am vasovegetativen System im weitesten Sinne. Wir haben bezüglich der Wirkung der Hypnose auf diese „körperlichen Systeme" grundsätzlich zwischen zwei Wirkungsmöglichkeiten zu unterscheiden. Nämlich 1) zwischen jenen Veränderungen, welche mit der Hypnose eintreten, ohne daß Vorstellungen suggeriert werden; hierher gehört es, daß eine Reihe von Versuchspersonen Muskelstarre und Katalepsie zeigen, ohne daß ihnen diese ausdrücklich suggeriert wurden, und 2) jenen Wirkungen am vasovegetativen System, welche auf eine Vorstellung hin erfolgen, die also im engeren Sinne des Wortes suggeriert sind.

Über die unmittelbare, nicht suggestive Wirkung der Hypnose ist im allgemeinen wenig bekannt. Einzelne Autoren, z. B. Kronfeld und Friedrichs, leugnen sogar nichtsuggestive Erscheinungen der Hypnose. Wahrscheinlich wirken aber die in der Hypnose erlebten Affekte unmittelbar in das vasovegetative System hinein. Ausführlicher muß über die suggestiven Wirkungen in der Hypnose gesprochen werden. Durch entsprechende Suggestion kann eingewirkt werden:

1. Auf die quergestreifte Muskulatur. Man kann Muskelschlaffheit, Muskelstarre, Muskelzittern suggerieren. Die Muskelschlaffheit kann auch bei jenen Personen, welche nicht in einen Schlaf versunken sind, eine sehr ausgesprochene sein. Die Spannungen sind mehrfacher Art. Es handelt sich entweder um Katalepsie im engeren Sinne, d. h. der bewegte Körperteil verharrt in jeder Stellung, die ihm gegeben wird, aber unter jenem Minimum von Muskelspannung, das zur Bewahrung der Haltung notwendig ist. Gelegentlich sieht man aber auch Spannungen, die bedeutend ausgeprägter sind. Mitunter wird dann nicht einmal jede passiv gegebene Haltung beibehalten und es überwiegt die Tendenz zu Streckspannungen. Wenn auch die Angaben von FRÖHLICH und MEYER, daß bei der kataleptischen Spannung die Aktionsströme fehlen, durch Untersuchungen von REHN und DE JONGH widerlegt sind und es erwiesen ist, daß auch während der kataleptischen Innervation tetanische Innervationsströme ablaufen wie bei einer willkürlichen Muskelspannung, so darf doch nicht daran vergessen werden, daß auch der quergestreifte Muskel neben der cerebrospinalen eine sympathisch-parasympathische Innervation hat. Man kann das auch so formulieren, daß man sagt, in jedem quergestreiften Muskel sei auch ein glatter Muskel eingeschlossen. Es ist im einzelnen strittig, was von den Muskelfunktionen auf den sympathisch-parasympathisch innervierten Anteil zu beziehen ist (vgl. hierzu F. H. LEWY). Aber wir dürfen weder beim Zittern noch bei der Schreckerschlaffung des Muskels diesen Anteil übersehen[1]). Ja wir möchten diese Erörterungen noch um ein Stück weiter treiben und betonen, daß „der affektiv-vegetative“ Faktor den einzelnen quergestreiften Muskeln nicht in gleicher Weise innewohnt. Es gibt zweifellos Muskeln, welche der Ausdrucksfunktion und den Affekten in weit höherem Maße dienen als andere. Hierher gehören etwa die Augenmuskeln und wir erinnern daran, daß bei der negativen Halluzination der Hypnotisierte von dem halluzinierten Gegenstande wegzublicken pflegt. Man wird sich die Frage vorlegen müssen, ob nicht die besondere Bevorzugung der Kiefer- und Nackenmuskulatur bei der negativistischen Spannung der Schizophrenen auf ähnliche Momente zurückzuführen sei. Die gleichen Erwägungen wird man bezüglich des Arc de cercle der Hysterischen anstellen müssen. Man mag gegen diese Betrachtungsweise einwenden, daß es psychologische Gründe seien, welche die besondere Stellung der genannten Muskelgruppen bedingen. Wir nehmen die Grundeinstellung unserer Ausführungen voraus, wenn wir betonen, daß eine besondere psychische Haltung sicherlich auch hirnphysiologisch in besonderer Weise gekennzeichnet ist.

---

[1]) GRAFE und TRAUMANN haben gezeigt, daß die hypnotische Starre des Muskels den Stoffwechselumsatz weniger steigert als die willkürliche Spannung.

2. Die Innervation des Herzens und der Gefäße ist, wie bekannt, außerordentlich weitgehend von Affekten abhängig. Man hat von dem körperlichen Ausdruck und der körperlichen Wirkung der Gefühle gesprochen. Nicht ganz mit Recht, denn es gibt keine Gefühle, die nicht mit irgendwelchen vorstellungs-, wahrnehmungs- oder gedankenmäßigen Inhalten verbunden wären. Es ist also richtiger, von der körperlichen Wirkung der Affekte zu sprechen. Alle jene Wirkungen, welche nun durch die Wirkung von Affekten hervorgerufen werden können, können auch durch die Wirkung suggerierter Affekte hervorgerufen werden: So können mittels suggerierter Affekte Beschleunigungen und Verlangsamungen der Schlagfolge am Herzen hervorgerufen werden. ASTRUCK hat in der Hypnose die Pulsfrequenz bis auf 30 Schläge pro Minute herabsetzen können. Er hat sogar Herzflimmern erzielt, doch ist nach BRAUN diese Feststellung in ihren methodischen Grundlagen nicht vollständig einwandfrei. Daß durch plötzlich einsetzenden Affekt bei bestehender Herzkrankheit der Tod herbeigeführt werden kann, ist sicher. Der Unterschied zwischen Gesund und Krank ist zweifellos kein durchgreifender, bei Primitiven sollen plötzliche Todesfälle infolge von Schreck beobachtet worden seien (vgl. hierzu auch BRAUN). Das Angeführte soll nur die mächtige Wirkung der Affekte auf das Herz veranschaulichen. Wenn ich Zorn suggeriere, so suggeriere ich niemals das Gefühl allein, sondern immer wieder wird inhaltlich Darstellungs- oder Gedankenmäßiges dabei mit suggeriert werden. Ja man wird im allgemeinen bei derartigen Suggestionen wohl bessere Resultate erzielen, wenn man den Inhalt und nicht das Gefühl oder den Affekt als solchen in den Vordergrund stellt. Im allgemeinen ist es leicht, Pulsbeschleunigung zu suggerieren, weil es leichter ist, Schlüsselvorstellungen furcht- und angstvoller Art zu finden, welche mit Pulsbeschleunigungen verbunden sind, als Schlüsselvorstellungen ausfindig zu machen, welche von Pulsverlangsamung begleitet sind. Wir gewinnen hiermit gleichzeitig die allgemeine Formulierung, daß jede Vorstellung, jede Wahrnehmung, jeder Gedanke zugehörige vasovegetative Folgen hat und daß es zur Erzielung eines Erfolges im vasovegetativen System notwendig ist, den entsprechenden Inhalt ausfindig zu machen. Mit dieser Feststellung ist es uns gleichzeitig möglich geworden, den Unterschied zwischen einem gewollten Geschehen im vasovegetativen System und einer Willkürhandlung festzustellen. Bei der Willkürhandlung habe ich neben dem vorgestellten, wahrgenommenen oder gedachten Objekte der Handlung noch eine ausdrückliche Intention auf meine Bewegung, auf meine Innervation. Wenn ich die Beschleunigung meines Herzschlages will, so erziele ich sie auf die Art, daß ich mir eine angstvolle Vorstellung vergegenwärtige. Die Beschleunigung des Herzschlages erfolgt dann ohne eine besondere Intention auf den Herzmuskel. Daß zwischen der

angstvollen Vorstellung und der Pulsbeschleunigung eine Beziehung besteht, ist mir nur aus rein vernunftgemäßen Erwägungen gegenwärtig und liegt nicht in einer besonderen, auf den Herzmuskel gerichteten Intention. Diese Formulierung bezieht sich zwar zunächst nur auf den Herzmuskel, gilt aber von allen vasovegetativ innervierten Organen. Sie ist etwa auch auf die sogenannte willkürliche Veränderung der Pupillenweite zu beziehen, welche auf die Vorstellung von Licht und Dunkel erfolgt. Bezüglich der Wirkung der Affekte auf das Blutgefäßsystem mag auf die Darstellung verwiesen werden, die sich in der medizinischen Psychologie des einen von uns finden. Es ist bekannt, daß mit jedem Affekte Blutverschiebungen gegeben sind, welche pletysmographisch dargestellt werden können. Während man früher angenommen hat, daß die Volumkurve des Armes verschieden sei, je nachdem Lust und Unlust vorherrschen, zeigen neuere Untersuchungen (KÜPPERS, DE JONGH, WEINBERG), daß die Volumkurve für Lust und Unlust identisch ist und daß sie in dieser Hinsicht nur die psychische Tätigkeit als solche zum Ausdruck bringt. Allerdings pflegt sich auch der Zustand der psychischen Spannung in der Volumkurve auszudrücken. Über die Blutverschiebungen in den einzelnen Teilen des menschlichen Körpers orientieren die Untersuchungen von WEBER. Es ist jedenfalls sicher, daß die Volumkurve in feiner Weise auf affektive Schwankungen reagiert, wenn auch die Ausdrucksfähigkeit dieser Schwankungen eine begrenzte ist. Die Blutverschiebung in den Extremitäten, im Kopfbereich und in den Bauchorganen ist nicht identisch. Blutdruckveränderungen, welche mit der psychischen Tätigkeit einhergehen, führt BICKEL auf Abänderung der Herztätigkeit und nicht auf den Gefäßapparat zurück. Durch die Suggestion „Kälte — Wärme" kann in der Hypnose der Blutgefäßapparat sehr wesentlich beeinflußt werden. Durch entsprechende Suggestion haben FOREL, HELLER und SCHULTZ sowie ALRUTZ Brandblasen erzielen können. Es ist allerdings fraglich, ob es sich bei der Erzielung von Brandblasen lediglich um eine Wirkung auf die Blutgefäße handelt. Man muß hier auch an direkte trophische Einflüsse denken. Die Bedeutsamkeit der Wirkungen der Affekte und der suggerierten Affekte auf das Blutgefäßsystem kann gar nicht hoch genug veranschlagt werden, wenn man bedenkt, daß ja jedes Organ des Körpers von Blutgefäßen versorgt ist, so daß schon auf dem Wege des Blutgefäßsystems der letzte Winkel des Körpers der Suggestion zugänglich sein muß. Allerdings kommen für die Wirkung der Suggestion neben der Beeinflussung des Blutgefäßsystems noch Wirkungen in Frage, welche die andersartige glatte Muskulatur, die Drüsen und die trophischen Funktionen betreffen.

3. Daß die Affekte eine wesentliche Wirkung auf den Magendarmtrakt haben, ist seit den glänzenden Untersuchungen von PAWLOW

bekannt. Sowohl die Speicheldrüsenfunktion wie auch die Magensaftsekretion wird nicht nur im allgemeinen auf psychischem Wege abgeändert, sondern die Magensaftsekretion ist in ihrer Qualität den gezeigten Nahrungsmitteln angepaßt. BICKEL konnte das Versiegen der Magensaftsekretion bei einem Hunde feststellen, dem eine Katze gezeigt worden war. Wir müssen also grundsätzlich feststellen, daß die Wirkung der Affekte auf die Verdauungsdrüsen eine doppelte ist. Einesteils wirken Affekte hemmend oder fördernd auf die Magensaftsekretion ein, diese ist also Ausdruck der allgemeinen Affektlage des Individuums, andernteils wird die Magensaftsekretion durch bestimmte psychische Inhalte spezifisch beeinflußt. Untersuchungen von HEYER, SCHROTTENBACH, LANGHEINRICH, HEILIG und HOFF haben gezeigt, daß das im Tierversuch Ermittelte auch für den Menschen Gültigkeit hat. Während SCHROTTENBACH den Einfluß der Affekte als solchen studiert, beschäftigen sich die übrigen Autoren mit der Wirkung von in der Hypnose erzeugten Vorstellungen (Wahrnehmungen) und Affekten auf die Nüchternsekretion des Magensaftes und auf die Sekretion nach der Aufnahme von Speisen. LANGHEINRICH hat die Wirkung hypnotisch erweckter Vorstellungen auf die Gallensaftsekretion untersucht. Ebenso wie die Sekretion ist auch die Motilität des Magendarmtrakts, wie ja schon die alltägliche Erfahrung zeigt, weitgehend von psychischen Momenten abhängig. CANNON zeigte, daß die Darmperistaltik einer Katze sistierte, als man ihr die Jungen wegnahm. HEYER hat beim Menschen Magenatonien auf suggestivem Wege beseitigt. FOREL und andere haben wiederholt Stuhlverstopfung auf suggestivem Wege beseitigt. Diarrhöen treten auf Affekte und suggerierte Affekte ein.

4. Die Haut kann zunächst auf suggestivem Wege durch Abänderung der Durchblutung geändert werden. Daneben handelt es sich bei der Entstehung von Brandblasen durch hypnotische Suggestion wohl auch um einen unmittelbaren trophischen Einfluß. Jenem trophischen Einfluß, dem wir wahrscheinlich die Schuld zuschreiben müssen, wenn nach heftigem Schrecken gelegentlich plötzlich Ergrauen beobachtet wird. Im übrigen ist auf die Versuche von KREIBICH und auf die Beobachtungen von BUNNEMANN und STERN hinzuweisen.

5. Beeinflussungen der Geschlechtsorgane auf psychischem Wege spielen bereits in der normalen Funktion dieser Organe eine wesentliche Rolle.

Der Orgasmus ist sowohl beim Manne als auch bei der Frau von mächtigen körperlichen Erscheinungen begleitet, Erscheinungen, die sowohl vasomotorischer als auch sekretorischer Art sind, wobei auch Bewegungen der glatten und quergestreiften Muskulatur eine wichtige Rolle spielen. Sekretorische Anomalien, wie der Fluor bei der Frau und Menstruationsbeschwerden, sind von gynäkologischer Seite durch suggestive Therapie zum Schwinden gebracht worden. Auch hierzu sind die Angaben von FOREL zu vergleichen, der über nachhaltige Beeinflussungen der Menstruation durch Hypnose berichtet. (Vgl. hierzu auch den Artikel von MAYER in dem Buche über die Psychogenese von Organsymptomen von O. SCHWARZ.)

6. Wir verweisen nur kurz auf die hypnotische Beeinflußbarkeit der Atmung, der Pupille und des Urogenitalsystems, über die im einzelnen noch wenig bekannt ist.

Nach noch nicht veröffentlichten Versuchen von HEILIG und HOFF bewirkt die Suggestion von Freude und angenehmen Gefühlen Harn- und Kochsalzrentention. Angst und Schreck erhöhen die Harnmenge bei Absinken der Kochsalzwerte im Harn. Nach Ansicht dieser Autoren kann also die Nierensekretion hypnotisch beeinflußt werden, wobei sie es dahingestellt sein lassen, ob es sich um eine Wirkung veränderter Blutgefäßversorgung oder um eine Wirkung auf das Gewebe oder, was das wahrscheinlichste ist, um eine Wirkung auf beides handelt. Daß Harndrang suggestiv hervorgerufen und unterdrückt werden kann, ist seit langem bekannt.

7. Wichtig ist, daß auch die Drüsen mit innerer Sekretion suggestiv beeinflußbar erscheinen. Allerdings bezieht sich das, was wir wissen, nicht auf unmittelbar suggestive Wirkungen, sondern auf die Wirkungen der Affekte, die aber wiederum suggestiv erzeugt worden sind. So ist nach CANNON die Adrenalinmenge im Venenblut herabgesetzt, wenn das Tier in einen angstvollen Affekt versetzt wird. Klinische Erfahrungen machen einen Einfluß von Affekten auf die Schilddrüse im Sinne der Veränderung zum Basedow hin wahrscheinlich (KOHTS). Daß bei depressiven Affekten die Blutzuckerwerte verändert sind und daß Hyperglykämie und Glykosurie auftreten kann, ist durch die Untersuchungen von RAIMANN und KNAUER und SCHULTZE gesichert. Material bezüglich hypnotisch suggestiver Beeinflussung der Drüsen mit innerer Sekretion liegt allerdings unseres Wissens nicht vor.

8. EICHELBERG hat Fieber suggestiv erzeugen können. GRAFE hat in Stoffwechselversuchen gezeigt, daß der Grundumsatz unter dem Einfluß von suggerierten Affekten ganz wesentliche Veränderungen erfahren kann. GLASER hat den Ca-Spiegel des Blutes suggestiv abgeändert, allerdings wird noch abzuwarten sein, ob die Veränderung des Ca-Blutspiegels nicht die sekundäre Folge einer Abänderung der Atmung sei, denn forcierte Atmung bringt (vgl. hierzu ADLERSBERG und PORGES) Änderungen im Kalkspiegel des Blutes hervor. Wir erinnern an die Tatsache der neurotischen Atmungstetanie mit ihrer Veränderung des Ca-Blutspiegels, die von den genannten Autoren gewürdigt worden ist. Hierbei mag die allgemeine Bemerkung Platz finden, daß die direkt suggerierten Vorstellungen und Affekte auf

indirektem Wege Wirkungen auf den Körper entfalten können. So etwa im Falle der Atmungstetanie, welche auf diesem Wege psychogen entstehen kann. Auf diese Weise könnte etwa auch eine suggerierte Contractur sekundäre Veränderungen an der Muskulatur hervorrufen. Suggeriere ich jemandem, er müßte sich zehnmal um seine eigene Achse drehen, so wird die einfache Ausführung dieses Befehles Nystagmus und die übrigen Veränderungen hervorrufen, welche mit der Drehung um die eigene Achse verbunden sind.

9. Daß Vorstellungen in der Hypnose zu Wahrnehmungen gesteigert werden können, haben wir bereits wiederholt erwähnt. Diese Abänderung muß die Folge davon sein, daß irgendwelche Wirkungen auf den Hirnprozeß selbst stattgefunden haben. Wirkungen, welche teilweise über die Affektivität geschaltet sein müssen, eine Bemerkung, die wir aus theoretischen Gründen bereits jetzt unterstreichen. Bauer und Schilder haben durch die Suggestion, die Gegenstände der Umgebung drehten sich unter lebhaftem Schwindel der Versuchsperson um diese herum, ein Vorbeizeigen erzielt, welches in vielen Punkten dem Vorbeizeigen entspricht, welches bei vestibulärer Erregung einzutreten pflegt. Allerdings war kein Nystagmus vorhanden. Sie haben diesen Vorgang so gedeutet, daß sie annahmen, es fände eine unmittelbare Beeinflussung cerebellarer Erregungen statt. P. Löwy bezieht die Phänomene auf eine Abänderung der Richtungsvorstellung, betont aber in einer gemeinsamen Arbeit mit Leidler, daß die Schwindelformen bei Neurosen den Schwindelerlebnissen bei vestibulären Läsionen genau entsprechen. Diese Autoren nehmen allerdings eine Vermittlung der Blutgefäße in Anspruch. Wir selbst möchten demgegenüber an der Vorstellung der unmittelbaren Beeinflußbarkeit vestibulo-cerebellarer Funktionen auf suggestivem Wege festhalten. Es ist ja auch hier wie bezüglich der suggestiven Halluzinationsfähigkeit klar, daß Hirnapparate als solche auf suggestivem Wege beeinflußt werden können.

10. Noch eindeutiger kann diese Frage beantwortet werden, wenn wir uns an den Schlaf und seine Beeinflußbarkeit durch die Hypnose erinnern. Wenn wir dieses Beispiel ausführlicher behandeln, so geschieht das, weil der Schlaf für die Lehre von der Hypnose eine grundsätzliche Bedeutung hat. Daß man Schlaf durch die Hypnose suggestiv hervorrufen kann, ist sicher. Die Gleichheit des hypnotisch erzielten und des spontanen Schlafes zeigt sich auch an einer Reihe von intimeren Zügen. Auch dem Hypnotisierten fallen, ebenso wie dem Einschlafenden, unter dem Gefühl der Müdigkeit die Augen zu. Er kann sie gelegentlich noch das eine oder das andere Mal öffnen, bis der endgültige Schlaf eintritt. Auch der Einschlafende zuckt häufig, gelegentlich unter dem Gefühl des Fallens, zusammen. Kleine motorische Unruhebewegungen sind nicht selten. Offenbar handelt es sich um Enthemmungen subcorticaler

motorischer Apparate von der corticalen Dämpfung. Eine Annahme, für die etwa der Fall von HAENEL und BIELSCHOWSKY spricht, in welchem eine Myoklonie dann in Erscheinung trat, wenn der Patient einschlafen wollte. Obduktionsbefund: Schwere Veränderung der Purkinjezellen des Kleinhirns. Ob das Gefühl des Fallens, das der Einschlafende gelegentlich in Verbindung mit dem Zusammenzucken hat, auch vestibuläre Komponenten in sich schließt, können wir nicht sagen. Übrigens haben wir es bei Hypnotisierten bisher noch nicht beobachtet. Auf die Ähnlichkeit der Adrenalinwerte beim natürlichen und suggerierten Schlaf haben wir verwiesen.

Wie im Schlafe sind auch in der Hypnose die Pupillen häufig verengt, allerdings ist die Pupillenverengung in der Hypnose nicht konstant, häufiger Wechsel der Pupillenweite findet statt (vgl. hierzu MOLL). Der hypnotisch erzeugte und der natürliche Schlaf müssen sich auch durch Form und Verlauf in keiner Weise unterscheiden. Auch der hypnotisch Schlafende verläßt die Schlafsituation nur sehr ungern. Nach dem Erwachen reibt er sich die Augen, blickt um sich und kann auch jene kurze Phase der Unbesinnlichkeit zeigen, welche gelegentlich den Übergang zwischen Tiefschlaf und Erwachen darstellt. Über die Physiologie des Schlafes sind wir nun dank der an TRÖMNER und MAUTNER anschließenden Untersuchungen ECONOMOS gut orientiert. Zweifellos liegt in der Umgebung des 3. Ventrikels ein relativ umschriebener Ort, der für das Zustandekommen des Schlafes von Bedeutung ist. Wir wollen abkürzend von einem Schlafzentrum sprechen. ECONOMO hat diese Feststellungen im Anschluß an seine bekannten Untersuchungen über die Encephalitis lethargica gemacht und hat auch die Anschauung widerlegt, daß eine Leitungsunterbrechung die Schlafstörung bei der Encephalitis lethargica hervorrufe. Bei einer Form dieser Erkrankung, welche mit Infiltrationen in der Umgebung des 3. Ventrikels einherzugehen pflegt, findet sich bekanntlich im akuten Stadium eine ausgesprochene Schlafsucht. HOFF und KAUDERS (noch nicht veröffentlicht) haben im Anschluß an die Untersuchungen von ECONOMO bei Hunden eine chronische experimentelle Medinalintoxikation mit anhaltenden Schlafzuständen erzeugt und konnten in den Gehirnen der Versuchstiere neben schweren Ganglienzellveränderungen in der unteren Olive hochgradige ganglionäre Degenerationsprozesse im Höhlengrau rings um den Aquaeductus Sylvii sowie in der Infundibulargegend nachweisen. Noch lehrreicher sind die hyperkinetischen Formen der Encephalitis, welche unter dem Bilde schwerer Schlaflosigkeit einzusetzen pflegen. Gerade diese hyperkinetischen Initialstadien der Encephalitis sind übrigens, wie der eine von uns (KAUDERS) zeigen konnte, oft durch Hypnose motorisch ruhigzustellen und sogar in vorübergehenden Schlafzustand zu bringen — ein weiterer Beweis für die schon erwähnte unmittelbare Wirkung der Suggestion auf Hirnapparate, wenn wir annehmen wollen, daß auch schon im hyperkinetischen Stadium durch den infektiösen Prozeß eine gewisse, durch die schweren motorischen Reizerscheinungen noch überlagerte Irritation der subcorticalen Schlafzentren besteht, wie sie sich dann im nachfolgenden lethargischen Stadium so deutlich ausspricht. In diesem Stadium zeigt sich nämlich hartnäckige Schlafsucht, welche unter Umständen auf den Tag beschränkt sein kann, während gleichzeitig der Patient nachts schlaflos und unruhig ist. ECONOMO spricht von einer Verschiebung der Gezeiten. ECONOMO hat auch die gelegentlich geäußerte Anschauung widerlegt, daß die Schlafstörungen bei der Encephalitis mit der Hypophyse in Zusammenhang stünden. Die mitgeteilten Tatsachen lassen es als sicher erscheinen, daß es einen in der Umgebung des 3. Ventrikels zentrierten Schlafapparat gebe (vgl. hierzu auch LEYSER), der sich bei der Encephalitis bald im Zustand der Übererregbarkeit und Überfunktion befindet, bald im Zustand der Untererregbarkeit und Unterfunktion. Schließlich gibt es auch Zustände der Funktionsverschiebung. Wichtig sind Fälle, wie jene von LUKSCH und PETTE, in denen eine umschriebene Hirnstörung darauf verweist, daß der Übergang des 3. Ventrikels in den Aquaeductus Sylvii besondere Bedeutung für das Schlafen habe. FOREL hat ausführlich dargetan, daß für das Ingangsetzen des Schlafapparates beim Einschlafen des natürlichen Schlafes der Schlafwunsch maßgebend sei, dessen Psychologie uns ja im folgenden noch eingehend beschäftigen wird. In der Hypnose wird der Schlafwunsch suggestiv erzeugt oder, mit anderen Worten, die psychischen Wirkungen der Hypnose setzen den Schlafapparat in Gang. Wir haben also hier den Beweis gegeben, daß ein Hirnapparat, der in der Umgebung des 3. Ventrikels gelegen ist, auf psychischem Wege beeinflußt werden kann. Aber handelt es sich nicht hier um etwas ganz Ähnliches wie um die sonstigen Wirkungen der Hypnose auf vasovegetative Systeme? Doch wollen wir die bejahende Antwort auf diese Frage erst dann eingehender begründen, wenn wir in die Psychologie des Schlafenden und des Hypnotisierten tiefer eingedrungen sind.

III. Schlaf und Hypnose.

Der Einschlafende hat den Schlafwunsch. Wird diesem Schlafwunsch vom Inneren her widersprochen, sei es durch Affekte aus der Spielbreite des normalen Lebens, etwa durch Trauer, Angst u. dgl. m., oder durch neurotische Einstellungen, so tritt der Schlaf nicht ein, gleichgültig ob das Individuum die Schlaflosigkeit will oder nicht. Wir haben zwischen dem klar bewußten und dem instinktiven Schlafwunsche zu unterscheiden. Maßgebend ist offenbar der letztere. Er kann sich, wie bekannt, auch gegen den Entschluß, wach zu bleiben, durchsetzen. Man wird einwenden, der instinktive Schlafwunsch sei psychologisch nicht faßbar und sei lediglich ein organisches Phänomen. Gegenüber dieser Formulierung müssen wir mit FOREL an dem psychologischen Charakter des instinktiven Schlafwunsches festhalten. Allerdings sind dessen Beziehungen zum Körperlichen augenfällig. Die Müdigkeit vor dem Einschlafen hängt mit Stoffwechselvorgängen und Ermüdungsstoffen sicherlich ganz eng zusammen. Ja man kann vielleicht nicht ganz ohne Recht den Schlafwunsch als den Indicator eines bestimmten körperlichen Vorgangs ansehen [1]). Diese Formulierung soll keineswegs die Bedeutung des psychologisch Faßbaren am Schlafwunsche schmälern. Wir müssen uns ja vorstellen, daß jeder psychische Vorgang Energien zur Verfügung hat, welche aus dem körperlichen Reservoir stammen; Energien, welche in fortwährender Wechselwirkung mit rein körperlichen Vorgängen stehen. Der eine von uns hat mit dem Begriffe des Wirkungswertes versucht, diese Dinge schärfer zu erfassen. Der Wirkungswert des instinktiven Schlafwunsches ist also von körperlichen Faktoren mit bestimmt. Auch der bewußte Schlafwunsch hat natürlich einen Wirkungswert, er kann sich ja übrigens auch der Unterstützung des instinktiven Schlafwunsches versichern. Die Psychologie der Schlafmittel in bezug auf den Schlafwunsch ist noch nicht geschrieben. Verstärkt das Schlafmittel den instinktiven Schlafwunsch oder macht es nur den rein körperlichen Apparat ansprechbarer? Ist bei der Encephalitis lethargica der Schlafwunsch abgeändert oder ist der Schlafapparat, soweit er außerpsychisch ist, in seiner Ansprechbarkeit abgeändert? Lassen sich diese Dinge überhaupt psychologisch trennen? Begrifflich müssen sie zunächst jedenfalls geschieden werden. Wir haben auf jeden Fall zwischen einem psychischen Agens zu unterscheiden, einem Schlafwunsch, und dem Schlafapparat, und haben allen Grund, anzunehmen, daß bei gleichbleibendem Schlafwunsch die Schlafwirkung verschieden sei. Zur Verdeutlichung mag angeführt werden, daß auch sehr suggestible Personen, an deren psychischer Hingabe kein Zweifel möglich erscheint, auf die entsprechende Suggestion hin keine Brandblasen bekommen müssen, offenbar deshalb, weil der vasovegetative Apparat vom Psychischen her bei ihnen nicht genügend ansprechbar ist. Der Schlafende schläft nicht vollständig. Es sind nach dem treffenden Ausdrucke LANDAUERS „Schlafwachen" aufgestellt geblieben, welche mit aktiver Aufmerksamkeit die Situation beachten und darüber wachen, daß dem Schlafenden nichts geschehe. Der Schlafende wird auch nicht ausschließlich in dem Sinne durch den Reiz geweckt, daß ein Reiz in einer gewissen Intensität den Schlaf unterbreche, sondern das wachende

---

[1]) Vgl. hier ECONOMO: Die Pathologie des Schlafes.

Ich, die Schlafwache, beachtet die Reize daraufhin, ob es nicht geraten wäre, den Schlaf zu unterbrechen. In diesem Sinne ist nicht die Reizintensität als solche maßgebend, sondern die Einstellung zum Reize, oder besser zu der Begebenheit, die sich abspielt. Die bekannten Beispiele hierfür: Die Mutter, welche nur beim Schreien des Kindes erwacht; der Müller, der erwacht, wenn die Mühle stehenbleibt (vgl. hierzu auch FOREL). Dieser Annahme scheinen die Resultate der Weckversuche zu widersprechen, welche gewisse Gesetzmäßigkeiten in der Weckbarkeit durch einen bestimmten Reiz in den verschiedenen Phasen des Schlafes zeigen. Der qualitativ gleichbleibende Reiz bewirkt erst bei bestimmter Verstärkung das Erwachen. Aber vermerken wir, daß der verstärkte Schallreiz für das Individuum biologisch durchaus etwas anderes bedeutet als der schwache, und ferner, daß die biologische Bedeutung eines Weckreizes verschieden ist je nach der Nachtstunde, in welcher er einsetzt. Mit anderen Worten, die Schlafkurven haben neben der rein körperlichen auch eine psychologische Bedeutung, welche wir am ehesten dann verstehen können, wenn wir annehmen, daß das Individuum Gesamtsituationen gegenübersteht, welche es mittels der Schlafwache erledigt. Damit hätten wir aber ein neues Beispiel unserer biologischen Betrachtungsweise gegeben, welche physisch und psychisch keineswegs als Gegensätze sieht. Bei der Betrachtung des Schlafes fordert ein Phänomen unsre besondere Aufmerksamkeit. Nämlich die genaue Zeitschätzung des Schlafenden, welche es ihm ermöglicht, zu einer bestimmten Zeit zu erwachen[1]). Diese Zeitschätzung übertrifft die Genauigkeit der Zeitschätzung des Wachenden. Es ist schwer, die psychologische Begründung dieses Phänomens zu geben. Offenbar handelt es sich darum, daß der Tagesvorsatz sich weiterbehauptet, oder mit anderen Worten, die Zeitschätzung ist eine Aufgabe der Schlafwachen. Daß diese so präzise erfolgen kann, hängt offenbar damit zusammen, daß die Schlafwache ja keineswegs dem vollständig differenzierten wachen Ich entspricht, sondern nur geringere Aufgaben zu lösen hat, welche aber dann mit größerer Präzision gelöst werden können. Es sei übrigens schon hier vermerkt, daß auch während des hypnotischen Schlafes eine bessere Zeitschätzung möglich ist. EHRENWALD hat die hierhergehörigen Beobachtungen BLEULERS und FORELS zusammengestellt und hat neue Versuche angestellt. Er glaubt, daß durch den Wechsel der Bewußtseinsinhalte und der Affekte jene Veränderungen übertönt werden, welche bei Abblendung des Bewußtseins im Schlaf und in der Hypnose der Erfassung zugänglich werden. Jener Teil der Persönlichkeit, welcher schläft, das Schlafich (LANDAUER), hält

[1]) Bekanntlich ist diese Zeitschätzung nicht immer und bei allen Personen genau. Immerhin sind die sicher vorkommenden positiven Fälle theoretisch bedeutsam.

an dem Schlafe mit Energie und Zähigkeit fest. Es sträubt sich, wie bekannt, gegen das Erwecktwerden.

Mit den bisherigen Annahmen ist jedoch die Psychologie des Schlafenden keineswegs erschöpft. Bekanntlich träumt der Schlafende auch, und in den Träumen ringen sich Infantilstrebungen, eine primitive Persönlichkeit, durch. Wir verweisen diesbezüglich auf die FREUDsche Traumdeutung. Die Trauminhalte können in verschiedenen Differenzierungsstufen liegen. In den Trauminhalten kommt die Arbeitsweise des Systems Ubw. von FREUD zum Ausdruck. Die verschiedenen Vorstellungen werden miteinander verschmolzen, es finden Verschiebungen und Verdichtungen statt, der Energiebetrag der einen Vorstellung wird auf die andere übertragen, dabei wird die zeitliche Ordnung nicht berücksichtigt, die äußere Realität durch die innere ersetzt, Vorgänge, auf die wir im einzelnen hier nicht eingehen können, bezüglich derer wir auf FREUD verweisen (vgl. auch die kurze Darstellung, welche der eine von uns in seiner medizinischen Psychologie gegeben hat). Gelegentlich treffen wir auch Träume an, welche in ihrer Struktur mehr dem psychischen System des Vorbewußten entsprechen, d. h. daß sie in stärkerem Maße die Arbeitsweise des Systems des Alltagsdenkens zeigen, nur daß diese Gedankengänge vom Bewußtsein abgesperrt sind. Im allgemeinen ist ja die Motilität des Schlafenden gesperrt. Aber gelegentlich kann sich, besonders in jenen Träumen des vorbewußten Typus, die Motilität als gefügig erweisen, und wir haben dann jene Bilder vor uns, in welchen die Schläfer aus dem Schlafe sprechen und mehr oder minder komplizierte Handlungen durchführen. Oder mit anderen Worten, der Traumzustand nähert sich dem somnambulen Zustand. Wir hätten also in grober Schematisierung beim Schlafenden zu unterscheiden: Das Wachich, das Schlafich und das Traumich, in welchem wir ein unbewußtes und ein vorbewußtes Traumich unterscheiden können. Das vorbewußte Traumich geht mit fließenden Grenzen in das Wachich des Schlafenden ein. Man darf über dieser Darstellung nicht vergessen, daß alle diese verschiedenen Erscheinungen des Ichs im tiefsten Grunde doch zusammenhängen, und daß auch hinter dem Traum und den Schlafwachen die Gesamtpersönlichkeit steht, welche ihre Gesamtziele irgendwie festhält und den Schlaf und den Traum an diesen Zielen mißt. In irgendeinem Winkel unserer Seele wissen wir es doch, daß wir schlafen und träumen.

Man kann nun mit jedem guten Schläfer, während er weiterschläft, in Kontakt treten. Schlechte Schläfer wachen auf, wenn sie die Anrede überhaupt aufnehmen. Man kann sich, mit anderen Worten, mit der Schlafwache in Verbindung setzen. Es ist aber nun beachtenswert, daß der Schlafende der Person, die mit ihm während des Schlafes spricht, ähnlich gegenübersteht wie der Hypnotisierte dem Hypnotiseur. Er nimmt Befehle entgegen und pflegt eine Amnesie für das Gespräch zu haben. Auch „posthypnotische“ Befehle werden durchgeführt. Es muß also eine sehr enge Beziehung zwischen Schlaf und Hypnose auch von diesem Gesichtspunkt aus angenommen werden. Denken wir die Problematik der Schlafwache genauer durch, so kommen wir wiederum zu der Anschauung, daß die Schlafwache nicht ganz dem Denken des Tages entsprechen kann. Sie verfügt über die bessere Zeitschätzung, sie nimmt Befehle widerspruchsloser entgegen, als es die wache Persönlichkeit tun würde. Das Reden, die Erlebnisse der Schlafwache verfallen häufig der Amnesie. Man könnte ja meinen, auch die Schlafwache sei psychologisch nicht völlig einheitlich, und jene, welche die Befehle entgegennimmt, sei nicht identisch mit derjenigen, welche das Wecken besorgt, und man wird vermutlich mit dieser Annahme nicht ganz fehlgehen.

Wenn ich nun einen Menschen durch Hypnose in Schlaf versetze, so bewirke ich bei ihm alle jene seelischen Umstellungen, welche auch bei dem Schlafenden vorhanden sind. Im allgemeinen pflegt das spontane Träumen der Hypnotisierten nicht ausgiebig zu sein. Doch sind wohl eingehendere Untersuchungen über diesen Punkt noch nötig. Daß in der Hypnose äußere Reize und suggerierte Vorstellungen mittels Verschiebung und Verdichtung behandelt werden, ist sicher.

Der eine von uns hat einen Baum in der Hypnose halluzinieren lassen und hat dann einen Vestibularisreiz gesetzt. Beide Eindrücke wurden in der Form verschmolzen, daß die Patientin ausrief, der Baum wird gefällt. Sehr lehrreich ist eine von Moll mitgeteilte Beobachtung. Er pustete mit einem Blasebalg neben einer hypnotisierten Person, ohne etwas zu reden. Sie glaubte, eine Lokomotive zu hören. Daran knüpfte sich ein vollkommener Traum von einem Eisenbahnzug. Wenn Moll auf den Tisch trommelte, ohne etwas zu sagen, so träumte der Hypnotisierte im Anschluß daran von trommelndem Militär und sah Soldaten. Wir haben es hier mit einer vom Willen des Hypnotiseurs unabhängigen Eigenleistung des Traumichs der hypnotisierten Person, zu tun. Es liegt ein ähnlicher Mechanismus vor, wie wenn die hypnotisierte Person etwa mit einer suggerierten einfachen optischen Halluzination nun selbständig zu agieren beginnt und im Anschlusse daran plastisch-visuelle Szenen halluziniert, die mit der Ausgangshalluzination nichts mehr zu tun haben. Daß Träume in der Hypnose suggeriert werden können, ist bekannt. Wir haben keinen Grund, daran zu zweifeln, daß die suggerierten und die spontanen Träume identisch seien. Im ganzen dürften die Traumerscheinungen innerhalb der Hypnose einen relativ geringen Raum einnehmen. Das, was von Erlebnissen in der Hypnose erscheint, trägt vielfach einen anderen Charakter, bei welchem die traumhaften Verschiebungen und Verdichtungen nur durchschimmern. Das gilt von jeder Hypnose, auch von der, in welcher optische Halluzinationen erzielt werden können. Die Erlebnisse folgen im allgemeinen recht klar und deutlich den Suggestionen, soweit es sich nicht um Hypnosen handelt, in welchen das Individuum seinen eigenen Willen lebt. Aber auch dann haben die erscheinenden Bilder und Erlebnisse jene relativ gute Formung, welche wir etwa bei den Erlebnissen des hysterischen Ausnahmezustandes sehen, oder wie wir präziser sagen können, sie haben die Erscheinungsweise des Vorbewußten. Freilich erscheint der Hypnotisierte, der zum somnambulen Handeln gebracht wird, traumhaft verloren. Er macht den Eindruck eines Menschen, der bei relativ äußerer Ordnung dem Träumen nähersteht als ein anderer. Er handelt ebenso wie der Schlafende, mit dem man in Rapport getreten ist, in der fühlbaren Nähe des Traumerlebens. In dieser Schicht spielt sich auch der Rapport mit dem Hypnotiseur ab. Man kann sagen, daß es sich im wesentlichen um einen Kontakt mit der Schlafwache handle, über deren psychologische Stellung ja oben eingehender berichtet wurde. Man kann nun beim Rapport mit dem Schlafenden sehen, daß es möglich ist, diesen Rapport mit der Schlafwache immer mehr zu verstärken auf Kosten jener Anteile der Persönlichkeit, welche schlafen und träumen. Schwankungen zwischen dem Anteil der Schlafwache und dem Schlafich finden ja auch im normalen Schlafe fortwährend statt. Der Morgenschlaf wird unruhiger, d. h. die Reaktion auf die Umgebung verstärkt sich. Steht man mit Schlafenden in Rapport, so hat man den Eindruck, daß mit der Zunahme des Rapports der Schlaf immer oberflächlicher wird. Auch werden die Gespräche des Schlafenden parallel zu dem Weckvorgang immer geordneter, oder in psychoanalytischer Terminologie ausgedrückt, die Elemente des Systems Ubw. treten immer stärker zurück gegenüber den Elementen des Systems Vbw., das sich selbst in seinen Eigenschaften immer mehr dem System Bw. nähert. Auch bei Tiefhypnosen hat man den Eindruck, daß je gefügiger der Patient wird, je besser er auffaßt, desto mehr das eigentliche Traumhafte schwindet und der Bewußtseinszustand sich immer mehr dem Bewußtseinszustand des Alltagslebens nähert. Der Endpunkt einer solchen Reihe ist in der Wachsuggestion gegeben, bei welcher die Abweichungen vom Bewußtseinszustand des normalen Zustandes recht geringfügig geworden sind. Freilich ist die bisherige Beschreibung des Bewußtseinszustandes des Hypnotisierten insofern ungenügend, als nicht genügend berücksichtigt ist, daß hinter all diesen seelischen Verwicklungen ja noch eine Gesamtpersönlichkeit steht, welche eine Kontrolle ausübt einesteils über den Zustand des Schlafichs, andernteils eine Kontrolle über den Zustand des Traumichs und schließlich auch über die Schlafwache mit allen ihren Rapporten, also auch über den suggestiven Rapport. Gerade diese Problematik soll uns im nächsten Abschnitt noch eingehend beschäftigen. Wir wollen uns aber zunächst noch mit dem Erwachen aus Schlaf und Hypnose beschäftigen. Das Erwachen aus dem Schlaf kann sanft und allmählich erfolgen. Offenbar werden von einem bestimmten Stadium des Schlafes an die Schlafwachen verstärkt, welche dann auf eine geringfügige Änderung der Situation hin das Individuum wecken. Wird ein tief Schlafender plötzlich erweckt, so reagiert er, wie erwähnt, häufig mit einer Phase kurzer Unbesinnlichkeit, welche von Kopfschmerz und Schwindel gefolgt ist. Ähnlich der Hypnotisierte. Man kann einen suggerierten Schlaf ohne weiteres auslaufen lassen, bis der Patient von selbst erwacht. Man kann den Patienten langsam oder plötzlich wecken. Das plötzliche Wecken pflegt meistens von mehr oder minder heftigen Kopfschmerzen begleitet zu sein, welche offenbar die Reaktion auf die allzu plötzliche psychische Umstellung bedeuten und durchaus in dem Sinne ernst zu nehmen sind, daß sie auf wirkliche Veränderungen, sei es nun in den Gefäßen, sei es in anderen Innervationsbereichen zu beziehen sind.

Sicherlich gibt es also einen suggerierten Schlaf, eben den Schlaf der Hypnose, und von den Erscheinungen der Hypnose sind viele nur aus der Psychologie des Schlafes heraus verständlich.

Man hört häufig die Frage, ob Menschen gegen ihren Willen hypnotisiert werden können. Wir können sie mit dem Hinweis auf den Schlafwunsch abtun. Maßgebend ist der instinktive und nicht der bewußte Wunsch. Freilich kann der bewußte Wunsch hemmend und fördernd in die Hypnotisierbarkeit eingreifen, die aber letzten Endes doch von der instinktiven Hypnosebereitschaft abhängt. Ganz ähnlich wie der Eintritt des Schlafes durch den Willen allein weder erzwungen noch hintangehalten werden kann. Gerade bei der Hypnose sieht man es häufig, daß ein dringender instinktiver Wunsch nach der Hypnose sich hinter einem oberflächlichen Sträuben verbirgt, und daß der pathetisch vorgetragene Wunsch nach dem Hypnotisiertwerden sich aufbaut über dem starren Widerstand, sich dem Hypnotiseur und der Hypnose anzuvertrauen.

IV. Der Bewußtseinszustand der Hypnotisierten.

Die in Hinblick auf die Beziehungen zwischen Schlaf und Hypnose gegebenen Ausführungen bedürfen dringend einer Vertiefung und Ergänzung. Der tief Hypnotisierte bewahrt, wie wir bereits andeuteten, eine kontrollierende Persönlichkeit mit jenen Strebungen und Trieben, welche sich der Außenwelt zuwenden. Diese kontrollierende Persönlichkeit, im entwickelteren Ich, ist aber irgendwie in den Hintergrund gedrängt. Es ist, wir wir sagten, in einen Winkel der Seele gestellt. Die psychoanalytische Terminologie erlaubt in dieser Hinsicht die exakte

Formulierung. Jeder seelische Vorgang, jedes seelische Streben geschieht mit einem gewissen Aufwand an psychischer Energie. Die Ziele, die Objekte des Strebens, haben eine gewisse Besetzung. Wir wissen nun vom analytischen Gesichtspunkt aus, daß ein Ziel, eine Person, ein Objekt, das eine bestimmte Besetzung hat, diese Besetzung nicht immer bewahren muß, ohne daß das Objekt, das Ziel, dem psychischen Erleben als solchem entschwände. Aus allgemeinen Anschauungen heraus, die der eine von uns an anderer Stelle begründet hat, ist es uns wahrscheinlich, daß niemals Seelisches vollständig dem Bewußtsein verlorengehen könne. Es werden von den Objekten nur Besetzungen abgezogen. Nun ist es unerläßlich, daß wir uns darüber klar werden, was wir unter dem Ausdrucke kontrollierende Persönlichkeit in psychoanalytischem Sinne zu verstehen hätten. Offenbar nicht Summe aller seelischen Inhalte, das Psychische überhaupt, sondern das, was die Persönlichkeit sich als Ziel setzt, oder mit anderen Worten, das Idealich des Individuums. Das Idealich ist nach psychoanalytischer Anschauung jenes Bild, das der einzelne von seiner eigenen Person in sich trägt. Das Bild, wie er seine Person gestalten möchte. Die Liebe, welche das Individuum seinem eigenen Körper zuteil werden läßt (Narzißmus), wird auf das geistige Bild der eigenen Person übertragen oder, anders ausgedrückt, das Idealich ist narzistisch besetzt. Es entsteht aus der Identifizierung mit Personen, welchen man liebend gegenübersteht. Den wesentlichsten Anteil des Idealichs bilden Identifizierungen mit den Eltern. Die Bildung des Idealichs, welches eine komplizierte Struktur aufweist, geht das ganze Leben hindurch weiter, Identifizierungen mit Lehrern, Helden, Führern finden statt. Sich identifizieren heißt, die Rolle eines anderen übernehmen, ohne daß man sich dieser Übernahme bewußt sein muß. Man identifiziert sich vorwiegend mit jenen Personen, welche man liebt und bewundert.

Hat die Identifizierung stattgefunden, so bleibt die gleichsam in sich hineingenommene, einverleibte Persönlichkeit doch weitgehend innerhalb des Ichs in Form des Idealichs oder eines Anteils desselben lebendig. Wenn wir also vom Idealich sprechen, so meinen wir ein relativ umschriebenes Gebilde innerhalb des Ichs. Es hat einesteils narzistische Energien an sich gebunden, anderenteils sendet es an ihm erwünschte Objekte Besetzungen aus. Wir haben mit Idealichen verschiedener Differenzierungshöhe zu rechnen. Wenn wir davon sprechen, daß während der Hypnose die Gesamtpersönlichkeit erhalten bleibe, so meinen wir damit, daß ein hochdifferenziertes Ichideal einen Besetzungsrest behalten hat, und daß damit auch die Ziele des Ichideals, die Objekte des Ichideals gewisse Besetzungen behalten haben (bezüglich des Aufbaues des Idealichs vgl. den Entwurf zu einer Psychiatrie auf psychoanalytischer Basis des einen von uns).

Das Idealich behält also einen Teil seiner Besetzungen auch während des Schlafes und während der Hypnose. Von diesem teilweise besetzten Idealich gehen aber Kontrollen aus. Hier liegt ja auch die Quelle der Traumzensuren, welche das Triebstreben des Träumenden nur in der entstellten Form des manifesten Trauminhalts in Erscheinung treten lassen. Wir müssen annehmen, daß die Idealiche oder die Gesamtpersönlichkeit relativ enge Beziehungen zu den Schlafwachen unterhalten. Diese werden von der erhalten gebliebenen Persönlichkeit aus kontrolliert. Wir müssen überhaupt sagen, daß wir den psychologischen Haltungen während des Schlafes nicht gerecht werden, wenn wir den hier besprochenen Faktor nicht berücksichtigen.

Wenn wir im Ich des Schlafenden das Schlafich, die Schlafwache, das Traumich, und zwar das Ubw - und das Vbw.-Traumich unterschieden haben, so ist noch hinzuzufügen, daß jede der in dieser Bezeichnung ausgedrückten Haltungen von der Gesamtpersönlichkeit her irgendwie kontrolliert und beaufsichtigt wird. Je stärker dieses kontrollierende Ich ist, desto lebendiger wird im Schlafen und im Träumen das Bewußtsein sein; ich schlafe ja nur. Wir müssen annehmen, daß von diesem Idealich aus bestimmt wird, ob ein Traum zu unterbrechen sei u. dgl. m. Die gleiche Betrachtungsweise haben wir nun auch auf die Hypnose und die Hypnotisierten zu übertragen. Es ist hier von besonderer Bedeutung, daß jene seelische Schicht, welche den Rapport mit dem Hypnotiseur vermittelt, einer ständigen Kontrolle und Überwachung von seiten der entwickelteren Persönlichkeit unterworfen ist. Der Anteil der hypnotisierten Persönlichkeit und derjenige, welcher der Hypnose mehr oder minder betrachtend gegenübersteht, ist ein außerordentlich wechselnder. Wir müssen dementsprechend in jeder einzelnen Hypnose uns nach der „seelischen Tiefe“ der Hypnose fragen. Mit diesem Ausdruck bezeichnen wir eine Qualität des Erlebens der Hypnose, welche unmittelbar nichts zu tun hat mit den Graden der Hypnose. Man muß diese Qualität auch nicht zusammenwerfen mit der Frage, ob es sich um Somnambulschlaf oder Wachsuggestion handle. Ja, man muß sogar noch um einen Schritt weitergehen und sagen: Der zentrale Anteil der Persönlichkeit kann sich in verschiedener Weise gegenüber der hypnotisierten Persönlichkeit verhalten. Er kann sich mehr oder minder einverstanden erklären. Er kann sich auch mehr oder minder als Zuschauer gegenüber den Phänomenen der Hypnose verhalten. Die entwickeltere Persönlichkeit kann aber auch die Hypnose als ein Spiel betrachten, wobei das Bewußtsein des Spieles bald mehr, bald minder ausgesprochen sein kann. Schließlich können die hypnotischen Erscheinungen mit dem ausdrücklichen Bewußtsein des bewußten Vormachens erfolgen, und wir haben dann das Bild der Simulation vor uns. Es gibt eine Fülle von Zwischenerlebnissen und Abstufungen. Ja sogar die ausgeprägte Simulation hypnotischer Erscheinungen mag dann, wenn sie aus lebendiger Vorstellungskraft heraus erfolgt, noch ernsthaft aufzufassen sein in dem Sinne, daß sie mit biologischen Wirkungen auf den Körper verknüpft ist. Auch der Schauspieler, der ja im Grunde psychologisch dem Simulanten nahesteht, muß, wenn er gut spielen will, sich selbst in den Charakter der dargestellten Person hineinversetzen, in ihr zu leben versuchen, wobei wiederum ein mehr oder minder bedeutsamer Anteil der Persönlichkeit beobachtend gegenübersteht. Aber auch jener Schauspieler, der zutiefst in seiner Rolle lebt, behält einen kontrollierenden Anteil der Persönlichkeit, denn er spricht ja immer noch die Worte seiner Rolle. Der Schauspieler, der in der Rolle lebt, kann wohl echte Tränen vergießen, er kann Abänderungen des Pulsschlages, der Atmung zeigen und Änderungen in der Blutverteilung im Organismus. Es ist also nicht nur Spiel, sondern jedes Spiel ist irgendwie auch ernsthaft. Freilich ist die physiologische Wirkung des Spieles verschieden, je nach der seelischen Tiefendimension des Spieles. Simulation und Spiel in der Hypnose entsprechen also einer geringen seelischen Tiefe der Hypnose. Die größte Tiefe ist dann erreicht, wenn sich das Individuum als Gesamtpersönlichkeit restlos mit dem hypnotischen Rapport einverstanden erklärt, denn das Kernphänomen der Hypnose bleibt der seelische Rapport zwischen dem Hypnotiseur und dem Hypnotisierten. Haben wir jenes Phänomen voll erreicht, dann ist im Grunde aus der Hypnose Hörigkeit geworden. Es bezieht sich also der Begriff der seelischen Tiefe der Hypnose im wesentlichen und zunächst auf den hypnotischen Rapport. Allerdings muß ja mit aller Entschiedenheit hervorgehoben werden, daß auch alle übrigen „Hypnose-Iche“ vom Zentralich aus kontrolliert und überwacht werden. Das Wesen des suggestiven Rapports soll uns im folgenden noch eingehend beschäftigen. Wir sind aber jetzt so weit, daß wir einen schematischen Überblick über den psychologischen Zustand des Hypnotisierten zu geben imstande sind.

1. Zwischen dem Hypnotiseur und dem Hypnotisierten besteht ein suggestiver Rapport. Dieser wird von einem zentraleren Anteil der Gesamtpersönlichkeit kontrolliert. Die seelische Tiefe der Hypnose hängt davon ab, welchen Anteil der Persönlichkeit dem Rapport und welcher Anteil der zentralen Persönlichkeit zugehört. Von Simulation und Spiel führt die Reihe über mäßige und starke Suggestibilität zur Hörigkeit.

2. Durch den suggestiven Rapport wird Schlaf erzeugt. Der suggestive Rapport wird mit der Schlafwache aufrechterhalten. Der Anteil des schlafenden und des wachenden Ichs sind verschieden je nach dem Verhältnis von Schlafwachen und Schlafich. Überwiegt das letztere extrem, so haben wir das Phänomen des Schlafes ohne Suggestibilität

vor uns. Von hier führen Zwischenstufen über das mehr oder minder wachende Individuum hinüber zu jenen Zuständen, in welchen das Schlafich annähernd zu Null reduziert ist und das Individuum sich im Zustand der Wachsuggestion befindet.

3. Das Schlafich kann von Träumen durchsetzt sein, und diese können mehr oder minder in den Suggestivrapport hineindiffundieren. Auf der einen Seite der Reihe stehen jene Fälle, in welchen die Eigenträume des Hypnotisierten den hypnotischen Rapport vollständig lösen und Bilder einer traumhaften Verlorenheit da sind. Auf der anderen Seite jene Fälle des Suggestivrapportes, welche von traumhaften Beimengungen fast frei sind.

4. Ebenso wie traumhaftes Eigenmaterial kann auch vorbewußtes Eigenmaterial den Suggestivrapport mehr oder minder durchsetzen. Punkt 3 und 4 haben zueinander die allerengsten Beziehungen. Sie sind weniger praktisch als theoretisch voneinander zu unterscheiden. Die Reihe geht von Hypnosen, welche mehr oder minder traumhaften hysterischen Ausnahmszuständen entsprechen hinüber zu jenen Fällen, welche in absoluter Suggestibilität keinerlei Eigenwillen erkennen lassen, mit anderen Worten, zu dem Typus der dressierten Medien.

5. Schließlich muß auch nach dem Grade der Hypnotisierbarkeit und der Suggestibilität gefragt werden. Es ist der Grad der Suggestibilität nicht zusammenzuwerfen mit der seelischen Tiefendimension der Suggestibilität. Ein spielerisch Somnambuler muß doch wohl als sehr suggestibel bezeichnet werden, allerdings nur in einer oberflächlichen Schicht des Erlebens.

Es ist richtig, daß sich die hier gegebenen Scheidungen vielfach überkreuzen. So wird etwa bei stärkster seelischer Tiefendimension (1) der Grad der Suggestibilität (5) meistens wohl ein beträchtlicher sein. Ist der Anteil des Schlafiches (2) sehr stark, so wird die Wahrscheinlichkeit, daß traumhafte Eigenelemente (3) auftauchen, relativ groß sein. Ist nur Wachsuggestion gegeben (2), so wird im allgemeinen traumhaftes und vorbewußtes Eigenmaterial (3 und 4) nicht von sehr wesentlicher Bedeutung sein. Ist traumhaftes und vorbewußtes Eigenmaterial (3 und 4) sehr stark vertreten, so wird die Tiefendimension des Rapportes (1) wohl nicht sehr erheblich sein. Diese Darstellung ist natürlich in jeder Hinsicht unvollständig und erschöpft keineswegs die reiche Fülle der wirklichen Vorkommnisse. Schließlich sind ja die Ausdrücke Schlafich, Wachich, Traumich u. dgl. doch nur Bezeichnungen für Triebstrebungen eines Gesamtichs und können nur in der Beschreibung isoliert werden und verleugnen letzten Endes nicht die Zugehörigkeit zu einem Ich, welches trotz aller Spaltungen seine Einheitlichkeit bewahrt.

V. Der suggestive Rapport.

Das Charakteristische der Suggestion liegt offenbar darin, daß wir ohne genügende sachliche Begründung[1]) durch sie zum Vorstellen, Wahrnehmen, Urteilen und auch zu Handlungen gebracht werden. (Eine ähnliche Definition stammt von LIPPS.) Der Hauptakzent muß auf den Worten liegen „ohne genügende sachliche Begründung". Diese Worte umschließen zweierlei; nämlich daß das Individuum im allgemeinen entweder den Zielen, welche die Realität vorzeichnet, oder seinen aus seiner Gesamtpersönlichkeit heraus erfließenden Zwecken folgt. Wir nehmen an, daß das Individuum Idealiche aufbaue, welche die Funktion haben, die Beziehungen zur Wirklichkeit, zur Realität, zu regeln, welche die Ichtriebe in Einheiten zusammenfassen und welche so nicht nur den Forderungen der Gesellschaft gerecht werden, sondern auch den Forderungen der eigenen Persönlichkeit. Der eine von uns hat an anderer Stelle ausgeführt, daß es ebenso wie zu den Forderungen der Gesellschaft auch zu den Forderungen der Idealiche gehört, die Wirklichkeit in der Wahrnehmung, im Vorstellen und Denken zu erreichen, denn die Idealiche besorgen auch die Einfügung in die Realität. Von Suggestion zu sprechen hat im allgemeinen nur dann Sinn, wenn durch die Suggestion erzielt wird, daß sich das Individuum gegen seine Ichideale stelle. Folgen die Ichideale der Suggestion letzten Endes nach, so haben wir gar keinen Grund mehr, von Suggestion zu sprechen. Der eine von uns hat an anderer Stelle betont, daß die affektiven Mechanismen in ihren Tiefen Verwandtschaften aufweisen, daß es aber doch nicht zweckmäßig sei, deswegen weil Übergangsfälle existieren, einen Terminus auf das Gesamtgebiet auszudehnen, dessen Endpunkte wohl charakterisierte psychologische Typen darstellen. Aus solchen Erwägungen heraus wird man auch den letzten Versuch von STRAUSS, die Begriffsgrenzen des Begriffes Suggestion grundsätzlich auf das alltägliche Erleben des Glaubens, Fürwahrhaltens usw. auszudehnen, ablehnen müssen. Auch wir erkennen gleich STRAUSS ein Erlebnis „Wir" an. Dieses baut sich aus dem Ich und dem unmittelbar erfaßten einfachen oder vielfältigen „Du" auf. Daß Identifizierungen die endgültige Gestaltung dieses Wir entscheidend beeinflussen, halten wir für sicher, ohne hier der Frage im einzelnen nachgehen zu können, wie groß der Anteil der Identifizierungen an der Bildung des „Wir" sei. Es ist sicherlich auch richtig, wenn STRAUSS die Übernahme von Überzeugungen von der Gesamtsituation, vom lebendigen Wir abhängig erscheinen läßt. Zweifellos ist auch die geistige Nachfolge, das Glauben, Fürwahrhalten eng mit den Persönlichkeiten der Umgebung verknüpft. Darauf hat aber sowohl die Analyse als auch der eine von

[1]) Von dem Standpunkte des Suggerierten aus gesehen.

uns immer wieder hingewiesen. Aber die Suggestion hebt sich von den anderen obengenannten Phänomenen dadurch ab, daß die zentrale Persönlichkeit der Suggestion, der sie folgt, anders gegenübersteht als anderen Meinungen, denen sie beipflichtet. Und eben diese besondere Form des Erlebens ist zu erklären; eine Erklärung, die STRAUSS deswegen nicht geben kann, weil er das Problem nicht sehen will.

In der oben gegebenen Definition ist die Tatsache mitenthalten, daß es eine suggerierende und eine suggerierte Persönlichkeit gibt. Dieser Grundfall ist jedenfalls festzuhalten. Es wird in der Suggestion einer anderen Person zuliebe etwas gedacht, vorgestellt, getan, was dem Idealich widerstrebt. Auch an diesem Grundsatz ist festzuhalten. Es ist selbstverständlich, daß, wenn ich einer anderen Person zuliebe etwas tue, es meine eigenen Regungen sind, welche hier in Frage kommen. Daß die andere Person erst durch meine Mithilfe, durch meine Regung ihre Bedeutung, ihre Fähigkeit erhält, mir suggerieren zu können. Es wäre aber unerlaubter Psychologismus, zu meinen, daß die andere Person deswegen bedeutungslos sei und daß der Kern der Suggestion Autosuggestion sei, eine Lehre, die von COUE und BAUDOUIN vertreten wird. Es wäre ja auch irrig zu meinen, daß es nur Selbsterziehung gebe, weil es meine Gedanken und Empfindungen sind, welche durch den Erzieher angeregt werden. Wir werden grundsätzlich daran festhalten müssen, daß es sich in der Hypnose und in der Suggestion um einen Vorgang handelt, der sich zwischen zwei Personen abspielt. Dieser Formulierung scheint es zu widersprechen, daß Autosuggestion doch wohl kaum geleugnet werden kann. Hier würden wir es allerdings wiederum für begriffsverwirrend halten, immer dann von Autosuggestion zu sprechen, wenn aus irgendwelchen Gedanken, Ideen, Triebrichtungen heraus ein Handeln erfolgt, welches den realitätsangepaßten Idealichen nicht entspricht. Von Autosuggestion können wir sinngemäß nur dann sprechen, wenn das Individuum bewußt in sich selber eine Gruppe seines Erlebens abspaltet und so in sich selbst den Suggestor schafft. Wir werden nicht fehlgehen, wenn wir annehmen, daß im allgemeinen das Individuum nur dadurch zu solcher Abspaltung befähigt sein wird, daß es sich mit einer anderen Persönlichkeit identifiziert. Der Begriff der Identifizierung ist wichtig genug, um ihn etwas eingehender zu erörtern. Wir sprechen dann von einer Identifizierung, wenn ein Stück fremden Erlebens als eigenes in Anspruch genommen und damit ausgedrückt wird, daß wir an die Stelle jener anderen Person zu treten wünschen. In der Identifizierung spielen wir eine Rolle, ohne daß wir uns der Übernahme dieser Rolle bewußt sein müssen. Wir haben nur dann Interesse, die Rolle eines anderen zu spielen, wenn wir jenen anderen lieben, achten, bewundern. FREUDS Beispiel ist Wallensteins Lager entnommen, wo es von jenem Wachtmeister heißt: „Und wie er sich räuspert und wie er spuckt, das hat er ihm glücklich abgeguckt." Der Wachtmeister weiß gar nicht, daß er mit seinen Gewohnheiten ausdrückt, daß er sein möchte und geachtet werden möchte wie der Feldherr selbst. Gewiß bewundert und liebt dieser Soldat den Wallenstein. Er ist zwar teilweise selbst Wallenstein geworden, erkennt aber das geachtete und geschätzte Objekt doch voll an. Bei der vollständigen Identifizierung würde der Feldherr für ihn überflüssig geworden sein. Er würde, analytisch gesprochen, die libidinöse Besetzung von jenem abziehen und diese ganz auf den Wallenstein in sich konzentrieren. Die Identifizierung wäre dann eine vollständige. Der Wallenstein in ihm hat aber stets eine gewisse Sonderstellung. Etwa ebenso wie in irgendeinem von uns der früher geliebte, aber jetzt überwundene Lehrer, dessen man entraten zu können glaubt, weil man sich mit ihm identifiziert hat. Aus der Identifizierung heraus wird, wie erwähnt, in uns das Gewissen aufgebaut, welches aus der Identifizierung mit Eltern, Erziehungspersonen entsteht, aber auch aus der Identifizierung mit allen den Menschen um uns herum, welche die Gesellschaft und ihre Forderung repräsentieren, deren Vertreter ja letzten Endes auch die Eltern und Erziehungspersonen sind. Jede Identifierung schafft sich ein Idealich, welches innerhalb des Ich eine gewisse Selbständigkeit stets bewahrt[1]) Auf solchen Identifizierungen, auf solchen Idealichen beruht die Möglichkeit einer Autosuggestion, in welcher sich ein Teil des Individuums als Idealich bis zu einem gewissen Grade von dem Ich loslöst und dem übrigen Anteil des Ichs als Suggestor gegenübertritt. Wenn Coue und Baudouin bei ihren Heilmethoden von Autosuggestion sprechen, so ist diese Bezeichnung im Grunde irreführend. Denn es ist klar, daß es der Arzt und der Pädagoge sind, welche die Forderung erheben, die dann der Kranke und der Erziehungsbedürftige übernimmt und sich zu eigen macht. Man kann allenfalls nur sagen, daß die von Coue und Baudouin geübte Technik, welche den eigenen Anteil des Suggerierten immer wieder betont, den Übertritt der suggerierenden Person in das Idealich in dem Rahmen der eigenen Persönlichkeit verdeutlicht. All das werden wir erst dann voll verstehen, wenn wir in die psychologische Struktur der Hypnose mittels psychoanalytischer Gedankengänge tiefer eingedrungen sein werden.

Aus den Ausführungen des vorangehenden Kapitels geht klar hervor, daß hinter dem suggestiven Rapport zwischen Hypnotiseur und Hypnotisiertem noch ein Idealich steht, welches den Zielen der Gesamtpersönlichkeit dient und eine fortwährende Kontrolle ausübt auf die Beziehung Hypnotisierter—Hypnotiseur, Suggestor—Suggerierter. Ganz abgesehen

[1]) Die Gedankengänge Freuds sind von dem einen von uns im Entwurf zu einer Psychiatrie auf psychoanalytischer Basis und in dem Aufsatz über den Ichkreis weiter verfolgt worden.

davon, daß ja der Suggerierende, der Beeinflussende seine Bedeutung nur aus den Seelenregungen des Beeinflußten heraus erhält: der Hypnotisierte, der Beeinflußte sind also keineswegs willenloses Werkzeug des Beeinflussenden. Verlangt man von einer tief hypnotisierten Person Unbilliges, was ihrem Gesamtwillen, ihrer Gesamtpersönlichkeit widerspricht, so ist folgendes möglich. Der Hypnotisierte verweigert trotz der tiefen Hypnose den Gehorsam. Der paranoische Hypnotisierte verzichtet z. B. trotz sonstiger Suggestibilität nicht auf seine Wahnideen. Eine eifersüchtige Frau, im übrigen in der Hypnose sehr suggestibel, sträubt sich entschieden, als ihr der Glaube an die Treue ihres Mannes nahegelegt wird. Eine Patientin, welche Veronal zu einem Selbstmordversuch von einer Krankenschwester erhalten hatte, weigert sich trotz sonstiger vollkommener Suggestibilität den Namen der Krankenpflegerin anzugeben. Andere Hypnotisierte wachen aus der Hypnose auf, wenn die Forderung des Hypnotisierenden und die Gesamtsituation nicht mehr ihren sonstigen Idealichen entspricht. Derartige Beobachtungen müssen für die Frage Hypnose und Verbrechen entscheidend sein. Wir versparen uns die ausführlichere Besprechung dieses Problems, bis wir die psychoanalytische Theorie der Hypnose gegeben haben.

VI. Die psychoanalytische Theorie der Hypnose.

Ferenczi erblickt in der Hypnose ein Wiederaufleben infantil erotischer, masochistischer Einstellungen. Der Hypnotisierende ist entweder Abbild des Vaters, Vaterhypnose, oder ist Ebenbild der Mutter, Mutterhypnose. Im Zentrum der Hypnose stehen Triebregungen aus dem Bereiche des Ödipuskomplexes. Auch Ferenczi stellt die Suggestion und die Suggestibilität in das Zentrum seiner Betrachtungen.

In der Tat, Hypnose und Suggestibilität haben eine erotische Wurzel. Hypnotisiert man Frauen, so erreicht den Hypnotiseur vor dem Einschlafen und nach dem Erwachen sehr häufig jener brechende Blick, der für sexuelle Erregung kennzeichnend ist. Zittern, welches dem Zittern bei erotischer Erregung entspricht, ist nicht selten. Die hysteriformen Versteifungen im Beginn einer Hypnose zeigen oft deutlich die Verwandtschaft mit Coitusbewegungen. Versucht man von Hypnotisierten Angaben zu erhalten, so erfährt man sehr häufig von einem wohlig angenehmen Gefühl, von einer wohligen Mattigkeit u. dgl. m. Gar nicht selten wird unverhüllt von sexueller Erregung gesprochen. Die Beschuldigungen, welche hypnotisierte Patienten gegenüber dem Hypnotiseur erheben, er habe sie mißbraucht, entspringen den durch die Hypnose geweckten erotischen Phantasien. Eine wahrscheinlich schizophrene Patientin unserer Beobachtung hatte bei einer Laienhypnose, welche in Gegenwart anderer Personen vorgenommen worden war, den entschiedenen Eindruck, daß sie den Zwang verspüre zu denken: „Ich liebe dich". Die Hellsichtigkeit der Schizophrenen in bezug auf psychologische Probleme erstreckt sich ganz besonders auf die Hypnose. Für schizophrene und paraphrene Patienten bedeutet Hypnotisiertwerden und sexuell Beeinflußtwerden das gleiche. Auch der Sprachgebrauch des alltäglichen Lebens ist hier heranzuziehen, welcher in der Erotik gerne von Verzauberung und Hypnose zu sprechen pflegt. „Du hast mich hypnotisiert" ist geradezu ein Ausdruck für erotischen Zwang. Es gehört zu der typischen Furcht der Frau, bei der Hypnose vergewaltigt zu werden. Wir haben von Patientinnen der Klinik, die wir hypnotisierten, wiederholt derartige Angaben erhalten, trotzdem wir grundsätzlich nur in Gegenwart dritter Personen hypnotisieren. Besonders auffallend war diese Angabe im Munde einer intelligenten Bankbeamtin, welche allerdings in ihre Neurose dadurch geraten war, daß ihr der Vater sexuell nachstellte und sie wiederholt zu vergewaltigen versucht hatte. Die Furcht vor Vergewaltigung ist sicherlich Ausdruck des entsprechenden Wunsches, welcher durch die Hypnose geweckt wird. Sanftes Zureden, Anschreien, Brutalisieren sind nicht nur Mittel der Hypnosetechnik, sondern auch solche erotischer Verführung. Die technischen Mittel des „Fixierens", Streichelns — gewisse Techniken machen ja von den Strichen über den Körper sehr ausgedehnten Gebrauch — sind der Hypnose und der Erotik gemeinsam.

Auch die Ergebnisse hypnoseähnlicher Erscheinungen an Tieren ergeben sehr ähnliche Resultate (vgl. hierzu Mangold und spätere Ausführungen). Gegen diese Betrachtungsweise könnte zunächst angeführt werden, daß ja die Hypnose nicht nur zwischen Personen verschiedenen Geschlechtes stattfinde, sondern daß es auch eine Hypnose von Mann zu Mann und von Frau zu Frau gebe. Wir haben im allgemeinen keinen Grund anzunehmen, daß diese Hypnosen schwerer zustande kämen als die zwischen Personen verschiedenen Geschlechtes. Wir wissen allerdings von der Psychoanalyse her, daß in jedem Menschen homosexuelle Regungen vorhanden seien und es ist anzunehmen, daß Hypnose zwischen Personen gleichen Geschlechtes sich an die homosexuellen Regungen des Menschen wende. Hier kann wiederum auf die vielen Angaben Paranoid-Schizophrener verwiesen werden, welche sich durch Hypnose außerordentlich häufig homosexuell beeinflußt fühlen. Sowohl die heterosexuelle Regung als auch die homosexuelle Regung in der Hypnose kann am sichersten mittels der Psychoanalyse festgestellt werden. Man nimmt ja gelegentlich Personen in Analyse, welche früher in hypnotischer Behandlung gestanden sind. Ein besonders lehrreiches Beispiel dieser Art teilen wir im folgenden mit.

Ein 22jähriger Hochschüler ist, nachdem er schon in der Pubertätszeit eine kurze Phase mit ausgesprochen zwangsmäßigen Symptomen durchgemacht hatte, seit einigen Monaten neuerdings an einer Reihe von Zwangssymptomen, in denen analerotische Beziehungen besonders stark — zum Teile ganz ungedeckt — in Erscheinung treten, erkrankt. Der Patient leidet seit dem Beginn seiner Erkrankung an einer hartnäckigen Obstipation, für die sich weder klinisch noch röntgenologisch irgendwelche Anhaltspunkte ergaben, er leidet an unwillkürlichen Windabgängen, die sich immer in gewissen, komplexbesetzten Situationen einstellen, und leidet noch mehr an der Furcht vor dem Auftreten derselben. Um diese beiden Hauptsymptome gruppiert sich aber nun eine Reihe weiterer somatischer Symptome, die in einer eigenartigen, hier nicht näher auszuführenden Weise auf dem Wege zur Konversion und vollwertigen somatischen Symptombildung sozusagen steckenblieben, und das ganze System zwangsneurotischer Gedankenabläufe, Befürchtungen und Antriebe und seines Gegenspieles von seiten der Ichtriebe und des Idealichs. Das Gefüge dieser Symptomatologie erwies sich nun in der Analyse als ein ungemein festes, die Symptome in einer eigentümlich starren Weise ineinandergefügt und ihr Auftreten in typischer Abhängigkeit von bestimmten determinierenden inneren und äußeren Erlebnissen. Was, um nur ein Beispiel zu erwähnen, das Symptom der Windabgänge anlangt, so stellte sich dasselbe vornehmlich in Situationen, in denen eine wie immer geartete Anknüpfung an das weibliche Geschlecht, die auch nur entfernt die Möglichkeit einer Liebesbeziehung hätte gewährleisten können, versucht wurde, ein; wobei das Quälende der hierbei auftretenden Flatulescenz in dem häufigen, sozusagen in dosi refracta stattfindenden Abgehen der Flatus gelegen war, so daß Patient es kaum mehr wagte, das Zimmer zu verlassen. In der Analyse erwiesen sich nun diese Windabgänge gleichsam als „Signalement" von seiten des Unbewußten, verdrängter analer und homosexueller Einstellungen, die sich auf diese Weise der Anknüpfung einer heterosexuellen Beziehung aufs wirksamste entgegensetzten; über diese Zusammenhänge später noch mehr. Dieser Patient suchte nun in einer äußerst üblen geistigen Verfassung — scheu, menschenfeindlich, zu jeglicher Tätigkeit unfähig — psychotherapeutische Behandlung auf. Aus verschiedenen Gründen wurde zunächst der Versuch gemacht, auf dem Wege der Hypnose einen Einbruch in die Symptome des Patienten zu gewinnen und zunächst die Obstipation zu beeinflussen. Nach einigen hypnotischen Sitzungen, als deren Resultat nur ein ganz kurzfristiger, unbefriedigender Erfolg zu melden ist, wurde bei dem Patienten mit der psychoanalytischen Behandlung begonnen, die nach mehrmonatiger Dauer weitgehende Besserung zeitigte. Er ist von seinen somatischen Symptomen befreit und obliegt nunmehr wieder mit großem Eifer und Erfolg seinen Studien.

Am Schlusse einer analytischen Sitzung wurde nun dieser Patient, nachdem die eben erwähnte Besserung schon eingetreten war, gefragt, welche Gedanken und Empfindungen er vor dem Einschlafen in der Hypnose denn gehabt habe. Er berichtet sogleich über ein Gefühl des „Lachenmüssens", das ihn regelmäßig unmittelbar vor dem Einschlafen betroffen habe und produziert, unaufgefordert, hierzu die folgenden Einfälle. Er hat im Gymnasium einen Professor gehabt, über den er sehr viel lachen mußte — er sei ein dummer und beschränkter Mensch gewesen. Dann: Im Alter von etwa 12 Jahren habe er zusammen mit seinem Vetter mosaischen Religionsunterricht gehabt; der Vetter zeichnete während einer Stunde einmal heimlich eine Schlange auf und sagte, das sei der Religionsprofessor, worüber er, der Patient, habe außerordentlich lachen müssen. Als weiterer Einfall folgt eine Erinnerung, das er als etwa 6jähriger Knabe beim Defäzieren häufig Angst hatte, es möchten ihm Schlangen in den After kriechen. Zum Schlusse kommt noch eine etwas schüchtern gebrachte Zusatzbemerkung: Der Professor (in dem ersten Einfall) sei zwar ein alter Mann gewesen, habe aber ganz gut Grammatik können. Der Sachverhalt, wie er sich auf Grund dieser geschlossenen Reihe von Einfällen ergibt, ist ein ziemlich eindeutiger. Zu der Erinnerung an die Schlangenangst beim Defäzieren ist zu bemerken, daß dieselbe schon früher einmal gelegentlich einer Traumanalyse gebracht worden war und in der Folge zu einer Art Schlüsselerinnerung zur Aufdeckung der libidinösen Beziehungen und homosexuellen Strebungen zum Vater wurde. Ergänzend sei daher noch die damalige Einfallsfolge mitgeteilt. Er glaubt sich zunächst zu erinnern, daß das Ereignis der Schlangenangst beim Defäzieren auffälligerweise gewöhnlich gegen Monatsende sich ereignet habe, dann, daß er als Halbwüchsiger lange Zeit der Ansicht gewesen sei, die Menstruation erfolge — sozusagen ordnungshalber — zu Monatsende und schließlich, daß der Vater später einmal ihm gegenüber die Bemerkung gemacht habe, die Frauen seien zur Zeit der Menstruation sexuell am aufgeregtesten. Diese zweite Einfallsreihe erst gestattet es uns, das Bild unserer Deutung zu vervollständigen und zu vereinheitlichen. Es figurieren die beiden Lehrer in der ersten Einfallsreihe — die Szenenfolge ist ja, von der Person des Hypnotiseurs ausgehend, eine recht charakteristische — als Ersatzbildungen für die Person des Vaters. Die Schlange aber ist, wie ja ein Einfall besagt, der Religionsprofessor, wir können ergänzen: der Vater, das Glied des Vaters. Das Glied des Vaters ist es, das hier in einer stark passiv-masochistisch gefärbten Strömung am Ausgange der sadistisch-analen Phase der Libidoentwicklung an Stelle der Kotsäule, an Stelle des mit der Defäkation verbundenen Lustentganges sozusagen zum analen Liebesobjekt wird, und es erscheint bemerkenswert, wie in der zweiten Einfallsreihe die für die Entwicklung der Neurose so wichtige Identifizierung mit der Mutter anklingt, wie die anale Zone, wohl unter den Eindrücken kindlicher Sexualforschung, in eine Kloakenmündung von passiv-femininem Charakter umgedeutet erscheint, in die das Glied des Vaters zu Zeiten „besonderer sexueller Erregung" eindringt. Weisen also die Einfälle bezüglich der Person des Hypnotiseurs über die beiden Lehrer in direkter Linie auf den Vater hin, so greifen sie bezüglich der Bindung an den Hypnotiseur zurück auf jene analerotische Beziehung zum Vater. Durch das Schlafgebot des Hypnotiseurs wird beim Hypnotisierten, wie FREUD und FERENCZI es gezeigt haben, „ein Stück von dessen archaischer Erbschaft, die auch den Eltern entgegenkam und im Verhältnis zum Vater eine individuelle

Wiederbelebung erfuhr" geweckt, wobei ja in unserem Falle, wie aus dem vorher Gesagten erhellt, die infantile Beziehung zum Vater noch eine starke libidinöse Eigennote trägt und somit die Hypnosemöglichkeit vergrößert. Das Individuum benutzt sozusagen die Gelegenheit der Hypnose, um jene noch stark libidinös besetzte, aber längst in Zärtlichkeitsbeziehungen umgewandelte infantile Beziehung zum Vater wieder aufleben zu lassen. Bezeichnenderweise ist die Hypnose selbst und die Einfallsserie durch die Erscheinung der Lachlust, des Lachzwanges aneinandergekoppelt. Hier finden wir zu der Person des Hypnotiseurs, der mitten aus dem banalen Alltagsleben heraus eine Machtfülle für sich in Anspruch nimmt, die ihm eine kritische Realitätsprüfung sicher nicht zuerkennen kann und der man sich doch hingeben muß, in den Personen der beiden beschränkten, viel verlachten Lehrer ein recht bezeichnendes Gegenstück. Sind doch auch schon längst die Zärtlichkeitsbeziehungen zum Vater durch die scharfe Kritik des Heranwachsenden getrübt worden — ein alter Mann, wie die Zusatzbemerkung nebenbei sagt, dem immerhin noch gewisse Kenntnisse zugebilligt werden müssen. Es erscheint also in unserem Falle die Lachlust vor dem Einschlafen in der Hypnose determiniert als Endglied jener aus dem Unbewußten erfließenden, verdrängten und an der Hypnose wieder auflebenden Infantilbeziehung zum Vater, des weiteren aber auch von der ambivalenten, gleichfalls vom Verhältnis zum Vater der späteren Zeit her diktierten, zwischen Hohn und Anerkennung schwankenden Einstellung des Hypnotisierten zum Hypnotiseur.

Diese Beobachtung ist deshalb besonders lehrreich, weil sie uns zeigt, daß für Art und Form der Hypnosefähigkeit die Triebkonstitution des Hypnotisierten maßgebend ist. Der Hypnoseversuch, der ein Lächeln bei dem Patienten hervorruft, erweckte analerotische Vorstellungskreise entsprechend der Triebrichtung des Patienten. Es handelt sich um jene ambivalente Einstellung gegenüber dem Liebesobjekt, die wir von der Zwangsneurose her kennen. Aus dieser Quelle entspringt auch das Lächeln unseres Patienten. Hier mag die Bemerkung eingeschaltet werden, daß Lachen bei Beginn der Hypnose gar nicht selten zu sein pflegt. Es hat bei zwangsneurotischen Charakteren den Ausdruck und die Bedeutung einer Verhöhnung, bei der Hysterie und den verwandten Charakteren den Ausdruck und die Bedeutung eines verhüllten erotischen Nachgebens. Jedenfalls müssen wir festhalten, daß in der Art und Form der Hypnose die Sexualkonstitution des Individuums zum Ausdruck kommt. Menschen, welche besonders zur Liebe neigen, die Tendenz haben, Liebesobjekte stark zu besetzen, pflegen leicht in tiefe Hypnose zu kommen. Die Hysterischen mit einer starken Tendenz zu Objektbesetzungen pflegen im allgemeinen besonders gut hypnotisabel zu sein, während die Hypnose bei Zwangsneurotischen sehr häufig auf Schwierigkeiten stößt, was mit der sadistischen Stellung der Zwangsneurotiker gegenüber ihren Objekten (Liebesobjekten) in Zusammenhang steht. So scharfen Akzent wir auch auf die erotische Wurzel der Hypnose legen, so müssen wir doch mit aller Entschiedenheit betonen, daß es sich bei der Erotik der Hypnose doch um zielgehemmte Erotik handelt Wir müssen geradezu sagen, daß wir es für die Hypnose als solche als typisch ansehen, daß ihr sexueller Gehalt dem Individuum zunächst nicht zum Bewußtsein kommen muß. Freilich wird die zielgehemmte Sexualität in weiterem Verlaufe mitunter weiter differenziert und steigert sich etwa bis zur Selbstanbietung. Das darf uns jedoch nicht darüber täuschen, daß Hypnose im allgemeinen zielgehemmte Erotik ist.

Außer der erotischen Wurzel in dem oben beschriebenen Sinne hat die Hypnose noch eine zweite. Sie ist Unterordnung unter eine Autorität. Alles, was geeignet ist, die Autorität des Hypnotiseurs oder Suggestors zu erhöhen, erhöht auch die Hypnosefähigkeit. Ruf des Hypnotiseurs, Wissen, daß er auf andere Personen eingewirkt hat, Alter, ehrwürdiges Aussehen, höhere soziale Stellung sind Momente, welche die Hypnotisierbarkeit der Versuchspersonen begünstigen. Offiziere waren im Kriege im allgemeinen schwerer hypnotisierbar als Mannschaftspersonen. Kinder, Jugendliche verfallen der Hypnose eher als Erwachsene. Personen, welche im allgemeinen nicht geneigt sind, Autoritäten anzuerkennen, sind schwerer in Hypnose zu bringen. Wir können das auch so ausdrücken, daß wir sagen, die Hypnose ist eine Stellung der Unterordnung, eine Stellung des sich Unterwerfens. Diese Situation samt ihrem libidinösen Hintergrund bei Patienten verschiedenen Geschlechtes, Alters und sozialer Stellung richtig zu erfassen und durch eine individuell streng angepaßte Hypnosetechnik taktvoll zu gestalten, bleibt die ständige Aufgabe des Hypnotiseurs. So hatte sich z. B. einer unserer Patienten, ein hoher Staatsbeamter, in einer Reihe von Hypnoseversuchen völlig refraktär erwiesen. Dem Patienten wurde das offenbar Peinliche der Entgegennahme der einleitenden suggerierenden Schlafbefehle dadurch erspart, daß ihm bei einem neuen Hypnoseversuch mitgeteilt wurde, er brauche sich nur auf das Sofa zu legen, er werde sogleich aus eigenem Willen, ohne Zutun des Hypnotiseurs, einschlafen. In der Tat gelangte dieser Patient schon nach wenigen Minuten in Tiefschlaf und die Hypnose ging weiterhin bei ausgezeichneter Suggestibilität gut vonstatten. Hier waren es also im wesentlichen durch Alters-, vermutlich auch soziale Unterschiede bedingte Hypnosewiderstände, die erst hinweggeräumt werden mußten, um die außerordentliche Hypnosebereitschaft des Patienten in Erscheinung treten zu lassen. Wir können weiter sagen, daß die beiden muskulären Phänomene der Hypnose, nämlich die absolute Schlaffheit und die Katalepsie, ja beide aufgefaßt werden können als der Ausdruck des willenlosen Mit-sich-Geschehenlassens. Völliges Unterworfensein drückt auch jene Lage aus, in welcher die Hypnose vonstatten geht. Der Hypnotisierte liegt, der Hypnotiseur steht bei ihm. Wir haben allen Grund zu der Annahme, daß derartige Haltungen der Haltung des Masochismus entsprechen, denn der Kern der masochistischen Stellung liegt nicht darin, daß man Schmerz erleiden will, sondern in der völligen bedingungslosen Unterordnung. So etwa wenn ein Schizophrener, der von Jugend auf masochistische Züge geboten hatte, erzählt, eine seiner Phantasien in frühem Jugendalter von 6—8 Jahren sei die gewesen, er werde von Zigeunern entführt, sitze auf dem Schoß einer Zigeunerin, so daß er gar nicht tun könne, was er wolle und jener Zigeunerin völlig unterworfen sei. Der Schmerz, der als solcher empfunden wird, wird zum Zeichen der absoluten Unterwerfung geduldet und gesucht.

Gerade jene Vereinigung von zielgehemmter Erotik und bedingungslosem Glauben und Sich-unterwerfen ist die Stellung, welche die Haltung des Kindes gegenüber den Eltern kennzeichnet. Es ist eine wichtige Haltung im Rahmen des Ödipuskomplexes, der ja bekanntlich neben der heterosexuellen auch eine homosexuelle Form hat. Die Beziehungen dieses hypnotischen Liebeserlebnisses zu dem reifen Liebeserlebnis zu verfolgen, kann hier nicht unsere Aufgabe sein. Nur zwei Züge sind von größerer Bedeutung. Die Unterwerfung ist im normalen Liebesleben, sofern sie statthat, doch bei beiden Partnern gegeben. Fernerhin wird im reifen Liebeserlebnis von den Liebenden die Persönlichkeit des Geliebten doch in individuelleren Zügen gesehen, als der Hypnotisierte den Hypnotiseur sieht, der Suggerierte den Suggestor. Doch sollen uns diese Probleme späterhin noch eingehender beschäftigen.

Von der Psychologie des Masochismus aus gewinnen wir ein tieferes Verständnis für die Psychologie der Hypnose. Um Mißverständnissen vorzubeugen, möchten wir bezüglich des Gebrauches des Terminus Masochismus allgemein, im Einklang mit den Grundsätzen der Psychoanalyse, folgendes sagen. Die Psychoanalyse spricht von der polymorph perversen Triebartung des Kindes. Sie übersieht jedoch keineswegs, daß die ausgebildete Perversion nicht der Abklatsch der infantilen Regungen ist. Ganz abgesehen davon, daß jede Triebregung erst innerhalb des gesamten psychischen Aufbaus, der ja im Kindesalter verschieden ist von dem psychischen Aufbau des Erwachsenen, seinen Sinn erhält, müssen wir zwischen dem kindlichen Partialtrieb und dem perversen Trieb auch jene Unterschiede annehmen, welche zwischen jeder anderen keimhaften und ausdifferenzierten Seelenregung vorhanden sind. In jedem Masochisten finden wir auch sadistische Züge. Umgekehrt wie wir auch bei jedem Sadisten masochistische Züge antreffen. Der Masochist identifiziert sich mit seinem Beherrscher, in der Unterwerfung

3*

genießt er die Größe und die Macht des anderen mit. Durch gelegentliche sadistische Züge bringt er diese Identifizierung zum Ausdruck. FREUD hat diese Mechanismen mit vollständiger Klarheit auseinandergesetzt. Nur mit jenen Personen identifizieren wir uns, denen wir innerlich gleich sein möchten, deren Rolle wir zu übernehmen bereit sind. Mit anderen Worten, das Streben des Masochisten geht auf dem Wege der Unterordnung nach Machtgewinnung. Er dient, um an der Macht des anderen wenigstens in Gedanken teilzuhaben, und der dem Mächtigen willenlos Unterworfene kommt ja gar nicht selten in der Tat auf diesem Wege zu einem Stückchen Macht, dessen er sonst nicht teilhaftig geworden wäre. Wir wären also geneigt, auch beim Masochisten die primäre Regung als sadistisch anzusehen. Wir verkennen jedoch die Schwierigkeit nicht, die darin gelegen ist, daß wir ja auch im Sadisten masochistische Züge finden, so daß wir genötigt sind, auch dem Wunsch nach Unterordnung eine gewisse selbständige Bedeutung zuzuschreiben. Letzten Endes stehen sich offenbar auch hier Triebgegensätze besonders nahe und die endgültige Gestaltung einer Triebregung hängt nicht nur von den gegensätzlichen Triebarten ab, sondern von Bedingungen, welche innerhalb der Gesamtpersönlichkeit gelegen sind. Jedenfalls haben wir daran festzuhalten, daß im Masochismus auf indirektem Wege auch ein Machtstreben befriedigt wird.

Übertragen wir die gewonnenen Erkenntnisse auf den Hypnotisierten, so ergibt sich, daß er sich nur deshalb dem Hypnotiseur so vollständig unterwirft, weil er an der Größe des Hypnotiseurs Anteil zu haben wünscht. Wir haben uns nun zu fragen, worin denn die Größe des Hypnotiseurs bestehe, oder, anders formuliert, was denn der Hypnotiseur der hypnotisierten Person bedeute. Seine Fähigkeiten sind darin gegeben, daß durch sein bloßes Wort in der Außenwelt Veränderungen erscheinen. Für den Hypnotisierten wenigstens ist er der große Zauberer, der durch seinen Wunsch und Willen allein imstande ist, die Welt schaffend zu verändern, nach Belieben aus ihr Dinge hinwegzutun und ihr hinzuzufügen. Darüber hinaus hat er auch die große Gewalt auf die körperlichen Funktionen der Hypnotisierten, oder mit anderen Worten, der Hypnotiseur ist Magier, Zauberer für den Hypnotisierten. Wir wollen es zunächst als erwiesen ansehen, daß dem Hypnotiseur diese magischen Fähigkeiten nicht zukommen. Der Hypnotisierte muß also diese Fähigkeiten aus irgendeinem Motiv heraus dem Hypnotiseur zuschreiben oder, anders ausgedrückt, die magischen Fähigkeiten sind in den Hypnotiseur hineinprojiziert. Wenn wir den Ausdruck Projektion gebrauchen, so drücken wir damit aus, daß der Wunsch nach solcher Zauberkraft in dem Hypnotisierten selbst lebendig sein muß. Freilich wagt der Hypnotisierte nicht, sich diesen Wunsch einzugestehen, oder gar ihn in bezug auf die eigene Person als erfüllt zu denken. Deshalb projiziert er ihn auf den Hypnotiseur und wird nun auf dem Wege der Identifizierung doch einer Zauberkraft teilhaftig, welche er sich sonst nicht zuzuschreiben wagen dürfte. Der Wunsch nach Allmacht wird also in „unbewußter Bearbeitung" als erfüllt dargestellt, wird in den anderen hinausprojiziert und wird auf dem Wege der Identifizierung wieder in die Persönlichkeit zurückgenommen. Man kann den psychologischen Vorgängen bei der Hypnose mit einfacheren Mitteln wohl kaum beikommen.

Einige allgemeine Bemerkungen über den Wunsch nach Allmacht sind vonnöten. Wir haben allen Grund mit FERENCZI anzunehmen, daß das Kind in den primitivsten Stadien der Entwicklung sich solche Allmacht zuschreibe. Über Einzelheiten möge man in dem Aufsatze von FERENCZI nachlesen. Wir führen derartige Allmacht in der Psychoanalyse auf narzistische Triebeinstellungen zurück, auf Triebeinstellungen, welche vorwiegend der Liebe zum eigenen Körper, zur eigenen Person dienen. Nur wenn solche Einstellungen übermächtig sind, verfließen Körper und Welt in Eines und die Welt ist in ähnlicher Weise den Wünschen untertan, wie die eigene Vorstellung. Diesen Anspruch zur Bewältigung der Welt durch den bloßen Gedanken allein, ohne den mühsamen Weg über die der Realität angepaßte Handlung geben wir niemals vollständig auf. Der Wunsch, es möge übersinnliche Kräfte geben, welche durch den Gedanken allein oder durch gedankenähnliche Kräfte die Welt bewegen, verdichtet sich in jedem von uns nur allzu leicht zu dem Glauben, daß solche Kräfte wirklich vorhanden sind. Jeder von uns würde, falls nur irgend jemand solchen magischen Könnens teilhaft wäre, in seinem Selbstgefühl gestärkt werden. Er würde durch Identifizierung ja gleichfalls an dieser Gottähnlichkeit Anteil haben. KAPLAN verweist eindringlich auf die Beziehungen der Hypnose zum Animismus. Hier liegt eine der tiefsten Wurzeln der Hypnose. Sie stammt lediglich aus der Psychologie des Hypnotisierten und nicht aus der des Hypnotiseurs. Der Hypnotiseur hat lediglich den Prozeß nicht zu stören. Man sieht, wir kommen auch hier wieder dazu, im Infantilen die Wurzel der Hypnose zu sehen. Der Hypnotiseur trägt dem Infantilen der Situation durch Streicheln, einförmigen Singsang und dergleichen mehr Rechnung und paßt sich hierin den Forderungen des Hypnotisierten an.

Wir sind in der Psychoanalyse gewohnt, psychische Phänomene dadurch zu charakterisieren, daß wir jene Phänome des kindlichen Lebens aufzeigen, welchen sie regressiv entsprechen. Wir pflegen ja auch in diesem Sinne von einer Regression zu sprechen. Wir mußten nun die Hypnose mit jener Phase des kindlichen Erlebens in Verbindung bringen, wo das Kind nicht mehr den Mut hat, sich selbst die magischen Fähigkeiten zuzuschreiben, aber diese doch wenigstens seinen Eltern zuerkennt, so daß es wenigstens auf dem Umwege über die Eltern, mit denen es sich identifiziert, magischer Fähigkeiten teilhaftig ist.

Freilich kennzeichnet diese Charakteristik nicht alle Phänomene der Hypnose und Suggestion, denn im Schlafe werden ja Regressionen erreicht, welche offenbar noch um ein Stück tiefer liegen. Andernteils würde manifest hervorbrechende Erotik einer Stufe höherer psychischer Entwicklung zuzuschreiben sein. Wir haben mit all dem, was wir ausführten, nur die „Hauptfixierungsstellen" der Hypnose gekennzeichnet. Bjerre sieht in der Hypnose eine Rückkehr ins Embryonale, eine Anschauung, der nur eine teilweise Berechtigung in bezug auf gewisse Phänomene der Hypnose (Schlafphänomene) zukommt. Denn der Schlaf weist nach analytischer Lehre, die hier nicht näher zu begründen ist, wesentliche Züge der Regression zum Embryonalen auf.

Aber noch von einem anderen Gesichtspunkt aus ist unsere bisherige Darstellung lückenhaft. Sie vernachlässigt nämlich, daß die hier beschriebene Regression die Persönlichkeit nur in gewissen Teilen umfaßt. Wir haben bereits früher darauf hingewiesen, daß die Hypnose sich in verschiedener seelischer Tiefe abspielen kann. Wir haben von der seelischen Tiefe der Hypnose gesprochen, wir könnten nach früheren Begriffsfassungen des einen von uns auch davon sprechen, daß die Hypnose dem Zentrum des Ichkreises bald näher, bald ferner liegt. Wir haben diese deskriptiven Begriffe noch psychoanalytisch schärfer zu fassen. Wir gehen hierbei am zweckmäßigsten von der Tatsache aus, daß der Hypnotisierte, der negativ halluziniert, doch auf die scheinbar nicht für ihn vorhandene Realität Rücksicht nimmt. Er blickt von den negativ halluzinierten Gegenständen weg und er findet sich in einer noch so kompliziert gebauten Räumlichkeit zurecht, auch wenn er diese anscheinend nicht wahrnimmt. Das Handeln, welches der hypnotischen Suggestion entspricht, macht häufig einen schwächlichen, oberflächlichen und kraftlosen Eindruck. Wir haben jedenfalls daran festzuhalten, daß das hypnotisierte Individuum, obwohl es in einer suggerierten Welt lebt, der wirklichen Welt doch bis zu einem gewissen Grade im Handeln gerecht wird. Mit anderen Worten, Idealiche, welche den Verkehr mit der wirklichen Welt aufrechterhalten, haben eine gewisse Besetzung behalten. Diese Idealiche sind es ja auch, welche fortwährend darüber wachen, daß dem Individuum nichts zustoße, was seinen Gesamtzielen widerspricht; oder mit anderen Worten, alle jene Regressionen, von welchen wir gesprochen haben, sind nur partielle und ein nicht unbeträchtlicher Anteil der Persönlichkeit hält die normalen Beziehungen zur Außenwelt fest. Eine in der Ichperipherie gelegene Haltung der Unterordnung steht demnach im Sinne der früheren Ausführungen dem Spiele nahe. Es verlohnt, sich die Frage vorzulegen, welche Verhältnisse denn bei der Hörigkeit in der Hypnose gegeben seien. Nur die Hörigkeit in der Hypnose, nicht aber die sonstige Hörigkeit, stattet den Hypnotiseur mit magischen Fähigkeiten aus, oder mit anderen Worten, nur die Hypnosehörigkeit erreicht jene tiefe Regression zu den magischen Stufen. Gleichzeitig ist die Hypnose zu sehr tiefen seelischen Schichten vorgedrungen, dem Ichzentrum nahegerückt. Wir werden allerdings auch für derartige Fälle daran zweifeln müssen, ob der Glaube an magische Einwirkung selbst in derartigen Fällen dem Individuum so zur inneren Überzeugung wird, wie etwa gewissen Schizophrenen Ja darüber hinaus wird man noch daran erinnern müssen, daß wir auch die Fixierungsstelle der Hypnose an jenen Punkt verlegt haben, an welchen das Individuum bereits nahe daran ist, der magischen Weltanschauung den Rücken zu kehren. In der Hörigkeit überwiegt im allgemeinen die masochistische Unterwerfung unter den Hypnotiseur, und diese masochistische Unterwerfung kennzeichnet auch die Hörigkeit außerhalb der Hypnose. Hier verlegt sich der Schwerpunkt immer mehr zu jener Einstellung hin, welche innerhalb des masochistisch-infantilen Ödipuskomplexes liegt.

Unsere bisherigen Formulierungen ermöglichen es nun, das psychische Phänomen der Hypnose anderen Erlebnisweisen klar gegenüberzustellen. Der hysterische Ausnahmezustand ist gegenüber der Hypnose dadurch gekennzeichnet, daß kein Rapport zu einem Suggestor besteht, und wir sehen ja gar nicht selten, daß eine Hypnose dann in einen hysterischen Ausnahmezustand übergeht, wenn das Individuum in der Hypnose den Rapport löst. In der Hysterie lebt das Individuum unmittelbar seinen eigenen Komplexen. In der Hypnose lebt es diese auf dem Umwege über den Hypnotiseur aus, die Regression zum Magischen ist in der Hypnose ausgesprochener. Daher bleibt die Person des Hypnotiseurs noch undifferenzierter als die Person, auf welche die Hysterische ihre infantilen Liebeseinstellungen überträgt. Oder mit anderen Worten, die Figur des Hypnotiseurs ist noch schematischer als jene, welcher sich die hysterische Persönlichkeit zuwendet. Das schließt natürlich nicht aus, daß der Hypnotisierte gelegentlich doch nur bestimmten Persönlichkeiten die Gewalt des Suggestors zuerteilt und auf andere „nicht überträgt". Denn neben dem tief infantilen Material gehen in die Hypnose zweifellos in individuell verschiedenem Grade auch differenziertere libidinöse Regungen ein.

Für das Problem der Beziehung der Hypnose zur Hysterie ist jene Beobachtung von Interesse, welche der eine von uns in der Gesellschaft der Ärzte in Wien einmal demonstriert hat. Ein 16jähriger wurde von einem Laienhypnotiseur hypnotisiert, wurde in der Hypnose tobsüchtig und attackierte den Hypnotiseur, der sich nicht zu helfen wußte und die Hilfe der Polizei in Anspruch nahm. Der Hypnotisierte mußte gefesselt werden. In der Klinik war er bereits ruhig und geordnet, wußte aber nichts von dem Vorgefallenen. Eine hier neuerdings durchgeführte Hypnose ergab nun: Der junge Mann war in der Umgebung Wiens als gutes Medium bekannt gewesen und war wiederholt, im ganzen etwa 200 mal, von verschiedenen Personen zu Vorführungen benutzt worden. Einer dieser Laienhypnotiseure hatte ihm wiederholt den Befehl gegeben, irrsinnig zu werden und hatte ihm suggeriert, es käme eine Fliege an ihn heran, die immer größer und größer werde, was ihn mit lebhafter Angst erfüllte. Während der Hypnose, die in Wien stattgefunden hatte, erschien nun der andere Hypnotiseur, und auf dessen Befehl hin wurde der junge Mann nun tobsüchtig. Der anwesende Hypnotiseur stand dieser aus den früheren Hypnosen stammenden „Tobsucht" hilflos gegenüber. Mit jeder Hypnose erwecken wir aber etwas, das aus tiefer liegenden Schichten stammt. Wir wenden uns immer an die im Triebleben verankerte Vergangenheit. Wenn aber auch zwischen tiefgreifender Hypnose und Hysterie Beziehungen bestehen, so sind die Unterschiede doch hinreichend groß, um beide Zustände scharf auseinanderzuhalten. Die Hypnose ist also nicht eine künstlich erzeugte Hysterie, wie es CHARCOT annahm.

Noch leichter fällt uns die Charakterisierung der Hypnose gegenüber jenen Zuständen, in welchen der Glaube an magische Kräfte beherrschend zutage tritt, nämlich gegenüber den paraphrenen und schizophrenen Bildern. Hier lebt das Individuum in der Magie und die aus dem Ödipuskomplex stammenden Einstellungen verlieren an Bedeutung.

Wir haben vielfach von der Beziehung der Hypnose zur Erotik gesprochen und wir wollen uns in letzter Zusammenfassung noch einmal fragen, inwieweit sich denn die Erotik des Hypnotisierten von der wirklichen Liebe unterscheidet. Die Materialien zur Beantwortung dieser Frage sind zum Teil schon in den früheren Ausführungen gegeben. Wir haben betont, daß dem Hypnotiseur der Eigenwert im allgemeinen mangelt. Er ist ein Schema, dem die besonderen individuellen Züge fehlen, während es gerade für die echte Liebe charakteristisch ist, daß die andere Person irgendwie in ihrer Gänze in diese Liebe eingehe. Nur jene Liebe wird eine reiche sein, welche die geliebte Persönlichkeit in ihrer Fülle in sich schließt. Dementsprechend werden die Züge der Unterwerfung in der Liebe keineswegs so dominieren wie in der Hypnose, es sei denn, es bestünde die Haltung der Hörigkeit. Deuten wir ferner hier nur den allgemeinen Grundsatz an, daß ein Phänomen zu zweit nie in der Weise verlaufen kann, daß die Haltung der anderen Persönlichkeit für das Erleben gleichgültig sei. Die besondere Stellung des Hypnotiseurs zum Hypnotisierten und der liebenden Person zur geliebten muß das Phänomen der Hypnose und der Liebe irgendwie wesentlich mitbestimmen. Und schließlich kommen wir zu einem entscheidenden Punkte. In jeder wirklichen Liebe und Hingabe gibt sich das Individuum rückhaltlos oder zumindest tritt jeder Vorbehalt tief in den Hintergrund des Erlebens zurück. Wir haben immer wieder die Vorbehalte betont, welche der Hypnotisierte macht. Die Hingabe des Hypnotisierten ist eine Hingabe auf Widerruf. Das nimmt der Hypnose jenen letzten Ernst, der jede wirklich große Leidenschaft auszeichnet. „Die Hypnose ist nur ein schüchterner Versuch, in das Chaos zurückzukehren, es fehlt ihr die große, freie, bedingungslose Hingabe."

Die Psychologie des Hypnotisierten ist ohne die Psychologie des Hypnotiseurs unvollständig. Die Analyse des Hypnotiseurs ist noch nicht gegeben, aber aus allgemeinen Gründen ist es unwahrscheinlich, daß der Hypnotiseur nicht das fühle, was der Hypnotisierte in ihm voraussetzt. Er muß in irgendeinem Winkel der Seele die magische Potenz in sich verkörpert fühlen, muß die Forderung nach unbedingter masochistischer Unterwerfung erheben und muß den Wunsch nach der sexuellen Hörigkeit der anderen Person in sich tragen. Der Vergewaltigungsfurcht des Hypnotisierten muß der Vergewaltigungswunsch des Hypnotiseurs entsprechen. Wir wissen ja, daß Laienhypnosen in der Tat oft als Mittel zur sexuellen Annäherung dienen. Der Übertragung des Hypnotisierten muß eine Gegenübertragung des Hypnotiseurs entsprechen. Es ist sonderbar, daß ein mißglückter Hypnoseversuch bei dem Hypnotiseur ein Gefühl der persönlichen Enttäuschung hervorzurufen pflegt, welches über das Maß hinauszugehen pflegt, welches dem bewußten Interesse an der Sache entspricht. Freilich werden alle diese Erlebnisse bei dem Hypnotiseur besonders weit in der Peripherie seines Erlebens liegen. Er ist mit besonders breiten Anteilen seiner Persönlichkeit an allen diesen Dingen unbeteiligt, ja es ist geradezu der Sinn der Hypnose, daß der Hypnotiseur der Wirklichkeit zugewandt, im vollen Besitze hochentwickelter und hochdifferenzierter Idealische bleibe und daß jene oben gekennzeichnete Regression unbewußt verbleibe.

VII. Die Hypnose als soziales Phänomen.

Die Gesellschaft ist an den Leistungen des Einzelnen weitgehend interessiert, und die Frage, ob und inwieweit in der Hypnose Leistungssteigerungen stattfänden, ist von einer sehr wesentlichen sozialen Bedeutung. Wir wissen ja, daß die Leistung jedes einzelnen von uns vielfachen Hemmungen unterliegt. Wir sind keineswegs imstande, stets unser Letztes herzugeben. Die Theorie aller dieser Dinge kann uns hier im einzelnen nicht beschäftigen. Wir haben nur festzuhalten, daß wir ja stets unter der Wirkung vieler Einstellungen stehen, widersprechender Triebrichtungen, welche uns verhindern, uns ganz den Dingen hinzugeben. Alt überkommene starre Formeln aus Differenzierungen, welche neuen Situationen gegenüber keine Anpassungsfähigkeit haben, rauben uns jene kindliche Frische, deren es bedarf, wenn Sachstrukturen wirklich in ihrer Fülle erkannt werden sollen. Schöpferische Prozesse aller Art beginnen damit, daß Differenzierungen eingeschmolzen werden und ein undifferenzierter Zustand erreicht wird, aus welchem heraus die Neuschöpfung ihren Ausgang nehmen kann. Freilich muß in diese Neuschöpfung das Individuum zur Gänze eingehen, wenn eine wertvolle Leistung zustande kommen soll. Das Tatsachenmaterial, das in bezug auf Leistungsteigerung in der Hypnose vorliegt, ist nicht sehr groß. Es bezieht sich auf Steigerung der Leistung der Sinnesorgane (TRÖMNER). Man hat mit Recht hervorgehoben, daß die Aufmerksamkeit in der Hypnose nicht durch Zwischenerlebnisse abgelenkt sei: ACH fand die geistige Leistungsfähigkeit, geprüft durch fortlaufendes Addieren, um fast ein Fünftel des Normalen gesteigert. PRANTL untersuchte die Gedächtnisspanne. Er prüfte, wieviele Ziffern in einer Bietung behalten werden. Es ist mehr eine Prüfung der Aufmerksamkeit, als des Gedächtnisses selbst. Er faßt seine Versuche dahin zusammen, daß durch Suggestion die Aufmerksamkeits- oder Gedächtnisspanne ihrer Leistungsfähigkeit nach etwa verdoppelt werden kann.

Der eine von uns (KAUDERS) hat in einer Reihe derzeit noch nicht veröffentlichter Untersuchungen intellektuelle Leistungssteigerungen, zum Teil auch kombinatorische Leistungen in der Hypnose untersucht. Es wurden zu diesen Versuchen prinzipiell nur der Tiefhypnose zugängliche Personen ausgewählt, die das in der Hypnose Erlebte voll amnesieren. Die Versuchsanordnung war derart, daß in einer Hypnose von der Versuchsperson eine bestimmte schwierige Leistung meist arithmetischer Art gefordert und zugleich der Auftrag erteilt wurde, die Lösung in der nächsten Hypnose, die von der ersten oft durch mehr als eine Woche getrennt war, zu wissen. Es wurde also, bei völliger Ausschaltung der außerhypnotischen, bewußten intellektuellen Bearbeitung ein posthypnotischer Befehl für die nächste Hypnose erteilt. Die Ergebnisse dieser Untersuchungen können hier in extenso nicht wiedergegeben werden, es gelang aber auf diese Weise, die Multiplikation zweier dreistelliger Zahlen im Kopfe anstandslos herbeizuführen. Die Art, wie in der zweiten Hypnose dann das Resultat gebracht wurde, war hierbei eine höchst auffällige. Dieses wurde nicht einfach als glatt erledigte Aufgabe mitgeteilt, sondern die Nennung des sechsstelligen Resultates erfolgte ziffernweise und unter deutlicher Anstrengung, so als ob die Aufgabe eben jetzt erst gelöst würde, aber doch in ganz richtiger Reihenfolge. Natürlich wurden entsprechende Kontrollversuche bei sämtlichen Medien angestellt, und zwar über die Rechenfähigkeit des betreffenden Mediums im Normalzustand und in der Hypnose selbst, ohne vorausgegangenen hypnotischen Befehl.

Bezüglich schöpferischer Leistungen in der Hypnose werden wir wohl folgendes sagen können. Besteht die Bindung an den Hypnotiseur weiter, so wird wohl jene letzte Freiheit nicht erreicht werden, welche zu jeder wahrhaft großen Leistung notwendig ist. Auch Zustände von Autohypnose und Autosuggestion werden jene letzten Zusammenfassungen der Gesamtpersönlichkeit deshalb nicht ermöglichen, weil in der letzten Phase der Bearbeitung des Werkes eine starke Beziehung zur Wirklichkeit unbedingtes Erfordernis ist.

Freud hat die Hypnose als eine Masse zu zweit gekennzeichnet. Nach Freud entsteht eine Masse dann, wenn sich die einzelnen Persönlichkeiten der Masse mit einem gemeinsamen Führer identifizieren. Identifizierungen zwischen den Einzelnen der Masse machen diese homogener. Die Identifizierungen werden in das Idealich eingetragen, jeder einzelne trägt in seinem Idealich die Züge der Menschen, mit denen er sich identifiziert, herum. Im Idealich ist das Gewissen vertreten. Die wichtigsten Identifizierungen sind die mit den Eltern, besonders mit dem Vater, welcher zunächst die Forderungen der Gesellschaft vermittelt. Auch hier die Unterordnung unter eine mit mehr oder minder gewaltig gedachten Kräften ausgestattete Persönlichkeit. Auch in der Hypnose treffen wir jene Unterordnung wieder an und der Hypnotisierte ordnet sich dem Hypnotiseur in ähnlicher Weise unter, wie der Geführte dem Führer. Wir haben allen Grund, anzunehmen, daß die massenbildenden Kräfte der Gesellschaft den homosexuellen Triebkräften nahestehen, mit jener Einschränkung, welche wir allgemein in bezug auf die Gleichsetzung von Infantilregungen und Regungen der Perversion schon vornahmen. Man kann, wenn man will und wie das auch schon wiederholt geschehen ist, von einer Suggestibilität der Masse sprechen, wenn man etwa die leichte Bestimmbarkeit durch die Affektivität und die Abweichung in Betracht zieht, welche das Handeln der Masse von den Normen gebilligter Idealiche aufweist. Der Führer, und abgeleitet von diesem die führende Idee, würde die Rolle des Suggestors übernehmen. Die Hypnose ist von diesem Gesichtspunkt aus in der Tat eine Masse zu zweit, aber man darf doch nicht verkennen, daß die Hypnose auf der einen Seite tiefere Regression aufweist, auf der anderen Seite nicht dem Ichzentrum so nahesteht wie die Phänomene der wirklichen Überzeugung, der wirklichen Begeisterung, welche wir ja doch in der Masse suchen müssen. Letzten Endes hängt dieser Unterschied damit zusammen, daß mit der Psychologie der Masse eine wesentliche Abänderung des Ichideals selbst verbunden ist, welches sich mit den Handlungen der Masse einverstanden erklärt. Bei jeder großen Massenbewegung werden die Ichideale umgebaut, in Identifizierung mit dem Führer und den übrigen Gliedern der Masse. Nichts Derartiges kommt der Hypnose zu. Ihr fehlt der

Umbau der Ichideale, ihr fehlt, wie wir das schon gegenüber der Liebe hervorgehoben haben, die Vorbehaltlosigkeit, welche das Tun der Masse und der in ihr vereinigten Personen auszeichnet. Der Hypnotisierte ist nur bis auf Widerruf hingegeben.

Von diesen Gesichtspunkten aus gewinnen wir die Einstellung zu dem viel diskutierten Problem von Hypnose und Verbrechen. Wenn ein wesentlicher Teil der Persönlichkeit kontrollierend beobachtet, was in der Hypnose der Fall ist, so ist es selbstverständlich, daß nur jene verbrecherischen Handlungen von den Hypnotisierten auf Suggestion hin durchgeführt werden, mit denen sich die Gesamtpersönlichkeit einverstanden erklärt. Immer wieder haben wir hervorgehoben, daß die Macht des Hypnotiseurs über die hypnotisierte Person nur eine begrenzte ist. Man könnte versucht sein, eine mangelhafte Technik des Hypnotiseurs dann anzunehmen, wenn das Medium Eigenwillen behält. Aber auch DELBŒUF hat gezeigt, daß die hypnotisierte Person keineswegs willenloses Werkzeug in der Hand des Hypnotiseurs ist und daß sie ihren eigenen Willen, ihre eigenen Einstellungen beibehält. Es ist übrigens zunächst einmal sehr auffallend, daß es keinen einzigen gut beglaubigten Fall gibt, in welchem ein wirkliches Verbrechen von einem Hypnotisierten auf den Befehl des Hypnotiseurs hin gegen den Willen der hypnotisierten Person ausgeführt worden wäre. Dies ist um so beachtenswerter, als nach der Beendigung des Krieges das Hypnotisieren eine ungemeine Verbreitung hatte, öffentlich in Schaustellungen gezeigt wurde, so daß vorausgesetzt werden kann, daß eine große Anzahl von Personen hypnotische Experimente durchführte. Diese Hypnoseepidemie fällt noch dazu in eine Zeit gelockerter Rechtsbegriffe, in eine Zeit gesteigerter Kriminalität. Die äußeren Bedingungen für Verbrechen, begangen durch Hypnotisierte, sind also sehr günstige gewesen, so daß man wohl berechtigt ist, aus dem Fehlen der entsprechenden Kasuistik Schlüsse zu ziehen. Man hat auch nicht mit Unrecht hervorgehoben, daß ja gar keine Gewähr bestehe, daß der Hypnotisierte in der Hypnose oder auf den hypnotischen Befehl hin so handle, daß das Verbrechen geschickt ausgeführt werde. DELBŒUF hat einige sehr interessante Beobachtungen dieser Art mitgeteilt. Wir folgen mit unseren Ausführungen durchaus dem Gedankengange WAGNER-JAUREGGS, den er in einem öffentlichen Vortrage zum Ausdruck gebracht hat. Der Friseurgehilfe Grundmann erachtete die Ausführungen WAGNER-JAUREGGS als irrig und richtete die 16jährige Marie D., welche er wiederholt hypnotisierte, zu einem Attentat gegen WAGNER-JAUREGG ab, das die Möglichkeit suggerierter Verbrechen dartun sollte. Er gab ihr zu diesem Zweck eine blindgeladene Pistole in die Hand und befahl ihr, nachdem er ihr noch vorher eingeschärft hatte, daß die Waffe gefahrlos sei, in die Wohnung WAGNER-JAUREGGS zu gehen und auf ihn zu schießen. Bemerkenswerterweise hob im entscheidenden Moment das Mädchen zwar die Waffe zum Schuß, ließ sie aber, ohne losgedrückt zu haben, sinken[1]). Also nicht einmal zu jenem Scheinverbrechen konnte sich das Mädchen entschließen. Über die Einzelheiten des Falles möge man in dem ausführlichen Berichte KOGERERS nachlesen. Der Versuch, auf hypnotischem Wege eine Person zum Verbrechen zu bringen, ist also auch hier völlig mißglückt. Die Vertreter der Lehre, daß es hypnotisch erzeugte Verbrechen gebe, verweisen auf Laboratoriumsexperimente, in denen die hypnotisierte Person dazu bewogen werden konnte, Schüsse auf andere Personen abzugeben u. dgl. m. Wir müssen aber daran festhalten, daß der Hypnotisierte immer von der Gesamtsituation weiß, daß er das Bewußtsein hat, daß mit ihm experimentiert wird, und daß er recht wohl wissen muß, daß ihn der Hypnotiseur nicht zu einem wirklichen Mord bewegen wird, wenn der Hypnotiseur ein Mann in geachteter sozialer Position ist. Wir sind also der Ansicht, daß man den Hypnotisierten nur zu jenen Verbrechen bewegen kann, zu welchen er von vorneherein Neigung besitzt. Eine endgültige Entscheidung zugunsten der gegenteiligen Ansicht könnten nur Erfahrungen des wirklichen Lebens bringen, denn Laboratoriumsexperimente sind aus den oben angeführten Gründen zur Entscheidung der Frage grundsätzlich ungeeignet. Man könnte ja gegen den eingenommenen Standpunkt einwenden, daß wir ja selbst die Möglichkeit des Übergangs der Hypnose in die Hörigkeit zugegeben haben und daß der Hörige von seinem Beherrscher zu Verbrechen getrieben werden kann, bedarf keiner weiteren Begründung. Aber Hörigkeit und Hypnose haben ihrem Wesen nach, wie wir bereits wiederholt betont haben, nichts miteinander zu tun. Daran ändert nichts, daß es gelegentlich möglich ist, die Hypnose als technisches Hilfsmittel zu benützen, um sich einen Menschen hörig zu machen. Es wäre auch unrichtig, den Flirt als große Liebe zu bezeichnen, weil er gelegentlich einmal zu solcher Liebe hinführt. Und hiermit wenden wir uns auch noch einmal mit Entschiedenheit gegen die mißbräuchliche Ausdehnung des Begriffes der Suggestion. Von Suggestion können und dürfen wir nur dann sprechen, wenn das Individuum entgegen seinen Idealichen, entgegen seiner sonstigen Persönlichkeit Gedanken, Handlungen u. dgl. unter dem Einfluß einer bestimmten Person akzeptiert. Sachlich ungerechtfertigte Überzeugungen durch fremden Einfluß dürfen nicht als Suggestion bezeichnet werden, wofern man nicht den Ausdruck Suggestion eines jeden klaren Sinnes berauben will und ihn mit Überredung, geistiger Nachfolge u. dgl. m. in eins zusammenfallen lassen will. Man hat vergessen, daß es zwar möglich ist, Übergänge

[1]) Es ist allerdings nicht sichergestellt, ob die Hypnotisierte nicht doch losgedrückt hat, aber der Schuß versagte.

zwischen allen diesen Phänomenen aufzuweisen, daß aber Suggestion ein völlig klar umschriebenes psychisches Phänomen darstellt, einen Typus geistiger Haltung, der weit entfernt ist von den Typen geistiger Haltung, welche wir bei der Gewinnung von Überzeugungen einnehmen, seien diese falsch oder richtig. Auf diesem Wege des Verwischens wesentlicher Unterschiede hat man auch eine persönliche Beziehung zwischen Hypnotiseur und Hypnotisiertem in der Form angenommen, daß man behauptet hat, beim innigen hypnotischen Rapport sei die Beziehung des Hypnotiseurs zum Hypnotisierten unübertragbar. Wir müssen demgegenüber mit aller Entschiedenheit betonen, daß gut hypnotisable Patienten grundsätzlich von jedem hypnotisierbar sind, ja daß auch der Befehl des ersten Hypnotiseurs die Hypnotisierbarkeit durch andere nicht stört. In Vorlesungen, Kursen usw. haben wir vielfach Gelegenheit gehabt, von anderen begonnene Hypnosen selbst fortzusetzen, ohne daß die Hypnose irgendwelche Störungen erfuhr. Für die Haltung des Hypnotisierten ist es geradezu charakteristisch, daß er bereit ist, die masochistisch infantile Stellung gegenüber jedermann einzunehmen, wenn nur die vagen Züge des Schemas erfüllt sind. Der Hypnotisierte ist bezüglich der Tendenz, ein Individuum zum Hypnotiseur zu machen, wahllos, noch wahlloser, als es der Hysterische in seinen Objektbesetzungen zu sein pflegt. Wenn in einzelnen Fällen nur bestimmte Personen mit der Würde des Hypnotiseurs bekleidet werden, so handelt es sich um ein Hervortreten differenzierterer Strebungen, welche nicht grundsätzlich zum Phänomen der Hypnose gehören. Man könnte auch sagen, daß die Neigung zu verbrecherischer Betätigung in uns allen schlummere, und daß die Hypnose, welche ja imstande ist, Affekte zu entfesseln, auch die verbrecherischen Instinkte entfesseln könnte. Aber auch hier hängt alles von der zentralen Persönlichkeit ab und diese entscheidet, inwieweit einem Affekte nachgegeben wird. Es sind auch nur bestimmte Menschen, welche im Affekt zu Totschlägern werden. Man darf nicht glauben, daß die Gesamtpersönlichkeit durch einen Affekt so leicht erschüttert werden könne. Selbst bei der schweren Psychose pflegen sich die Züge der individuellen Persönlichkeit noch auszudrücken. Die Aggression im epileptischen Dämmerzustand richtet sich häufig gegen jene Personen, welche dem Individuum auch in den freien Zeiten unangenehm sind. In diesem Sinne mag es auch erwähnt werden, daß selbst bei den hypnotischen Scheinverbrechen die Versuchspersonen den Revolver nur gegen jene Personen abdrücken, welche ihnen unangenehm sind. Die Hypnose kann also bestenfalls als ein technisches Hilfsmittel — und noch dazu eins von fraglichem Werte — angesehen werden, um einen Menschen zum Verbrechen zu verleiten (vgl. hierzu auch Friedländer). Liegeois und Liebault vertreten allerdings die entgegengesetzte Anschauung.

Eine besondere Stellung nehmen die aktiven und passiven Sexualhandlungen in der Hypnose ein. Hypnose ist, wie wir ausgeführt haben, zielgehemmte Sexualität, und wir wissen, daß es im allgemeinen von der zielgehemmten zur entwickelten Sexualität kein allzu weiter Schritt ist. Wir wissen auch, daß auch außerhalb der Hypnose Situationen, welche Erotisches zunächst nur leise andeuten, die Erotik in vollen Flammen sehr bald hervorbrechen lassen. Die geknebelte Sexualität wartet ja nur auf die Möglichkeit, auszubrechen. Wir werden also zugeben können, daß der oder die Hypnotisierte zu sexuellen Handlungen leichter gebracht werden könnte als zu sonstigen „Verbrechen". Aber vergessen wir nicht, daß schon die Situation, in welche sich die einzelne Person mit dem Hypnotiseur begibt, eine unausgesprochene Einwilligung, ja Aufforderung zum Sexualakt bedeuten kann — etwa Laienhypnosen ohne Zeugen —, und daß die Gesamtpersönlichkeit des oder der Hypnotisierten auch für die durch die Hypnose hervorgerufene Sexualhandlung von Bedeutung ist. Wir glauben nicht, daß sich die Verführung mit Hypnose einfacher gestaltet als die Verführung ohne Hypnose, und wir können in der Hypnose nicht mehr sehen als ein nicht besonders wirksames technisches Hilfsmittel der Verführung.

Anhang.

Forensische Bedeutung der Hypnose.

Man kann durch die Hypnose Schlaf erzielen, und es bedarf keiner ausführlicheren Begründung, daß man eine schlafende Person leichter bestehlen, vergewaltigen, erschlagen kann als eine wache Person. Auch dieser Satz erfährt insoferne eine Einschränkung, als sowohl der Schlafende wie auch der Hypnotisierte irgendwie auf die Gesamtsituation eingestellt bleiben. Was wir von den Verbrechen der Hypnotisierten selbst halten, haben wir im vorangehenden ausführlich auseinandergesetzt.

Daß durch Suggestion und Hypnose Zeugenaussagen gefälscht werden können, ist zuzugeben. Man wird aber die praktische Bedeutung dieses Umstandes nicht sehr hoch einschätzen, wenn man nur den Begriff der Suggestion nicht unnötig erweitert. Die Psychologie der Aussage ist mit dem Begriffe der Suggestion keineswegs erschöpft. So ist es vollständig unberechtigt, in dem von Forel zitierten Fall Johann Bertold (dreifacher Raubmord), in welchem durch unzweckmäßige Haltung der Presse und des Gerichts eine Reihe von falschen Zeugenaussagen provoziert wurde, von Suggestion zu sprechen. Es handelt sich vielmehr um die Psychologie der Aussage (der Fall ist von Schrenck-Notzing mitgeteilt).

Über die Schädigungen der Hypnotisierten durch unzweckmäßige Methoden werden wir im folgenden noch eingehender sprechen.

Eine weitere Problematik liegt in der Frage, inwieweit durch die Hypnose Aussagen eines Beschuldigten oder von Zeugen erhalten werden können, welche ergiebiger und zuverlässiger sind als Angaben, welche außerhalb der Hypnose gewonnen sind. Man muß hier grundsätzlich zwei Fälle scheiden. Solche, in welchen die Versuchsperson grundsätzlich in ihrem Bewußtsein nach der Erreichung der Wahrheit strebt, die ihr selbst verborgen ist. Diese Frage fällt weitgehend mit dem Problem der Aufhellbarkeit von Amnesien zusammen. Da Amnesien in der Hypnose grundsätzlich aufhellbar sind, ohne daß dies im Einzelfall stets möglich wäre, so kann die Möglichkeit der forensischen Verwertung derartig gewonnenen Materiales keineswegs in Abrede gestellt werden. Man darf allerdings nie vergessen, daß der Aussage in der Hypnose an und für sich kein absoluter Wahrheitsgehalt zukommt, auch hier muß, wenn es sich um die Wahrheit der Aussage handelt, die in der Hypnose gewonnene Aussage noch mittels anderer Kriterien verifiziert werden.

Hat nun das Individuum kein Interesse an der Feststellung der Wahrheit, oder liegt ihm sogar daran, die Wahrheit zu verbergen, so muß erstens daran erinnert werden, daß das bewußte Widerstreben gegen die Hypnose, wie oben ausgeführt, die Hypnose zwar nicht unmöglich macht, aber sie doch erschwert. Im wesentlichen wird es doch auf den instinktiven Wunsch ankommen. Ist die Hypnose herbeigeführt, so müssen wir wiederum damit rechnen, daß breite Anteile der Gesamtpersönlichkeit auch innerhalb der Hypnose ihre Ziele festhalten. Wir sind gar nicht sicher, ob wir nicht auch innerhalb der Hypnose von der hypnotisierten Person in mehr oder minder klar bewußter Absicht getäuscht werden. Hier ist eine Arbeit von JACOBI und eine Beobachtung des einen von uns heranzuziehen, welche besonders geeignet ist, die Unzuverlässigkeit der Angaben Somnambuler erkennen zu lassen. Gelegentlich begegnen wir bei Forschung nach Dingen, welche die Patienten verborgen halten wollen, einem starren Nein, wie wir das gleichfalls schon auseinandergesetzt haben. Trotz allem kann die Möglichkeit nicht in Abrede gestellt werden, daß Personen, welche in ihrem Bewußtsein Geständnis oder die Aussage ablehnen, doch innerlich nach dem Geständnisse hindrängen, und daß die psychische Umstellung der Hypnose so das Geständnis erleichtert oder ermöglicht. Jedenfalls scheint es nach diesen Erwägungen nicht, daß die Hypnose berufen wäre, der Wahrheitsforschung des Gerichtes große Dienste zu leisten. Gelegentlich wird sie aber vielleicht zu Handlangerdiensten geeignet sein.

Auf die Möglichkeit, daß ein Verbrecher mit der schon vorher bestandenen Absicht, das Verbrechen zu begehen, sich hypnotisieren lasse, einesteils um eigene Hemmungen zu überwinden, anderesteils um im Fall des Ertapptwerdens der Bestrafung ganz oder teilweise zu entgehen, hat unter anderen WAGNER-JAUREGG verwiesen. Diese Zweckhypnosen wären den Zweckräuschen an die Seite zu stellen. Allerdings kennt die forensische Kasuistik bisher noch nichts Hierhergehöriges.

VIII. Die leichte Hypnose.

Die bisherigen theoretischen Ausführungen haben sich lediglich mit der tiefen Hypnose beschäftigt. Wir haben das Problem aufzuwerfen, ob denn die oberflächlichen Hypnosen, welche, wie wir später noch im Einklange mit Hirschlaff ausführen werden, für den Arzt eine besondere Bedeutung haben, mit den gleichen psychologischen Annahmen verstanden werden können. Hirschlaff verneint das. Er zieht zwischen der Hypnose der Somnambulen und den Erscheinungen leichter, oberflächlicher Hypnose einen scharfen Grenzstrich. Wir werden ihm hierin nicht folgen können. Ganz abgesehen davon, daß alle Grenzziehungen zwischen oberflächlichen und tiefen Hypnosen, wie aus unserer Beschreibung der Erscheinungsweise der Hypnose hervorgeht, mehr oder minder willkürlich sind, ist der suggestive Rapport zwischen dem leicht Hypnotisierten und dem tief Hypnotisierten seinem Wesen nach gleich. Man kann das erfahren, wenn man hinterher einen solchen leicht hypnotisierten Kranken psychoanalysiert. Wir müssen lediglich sagen, daß die dynamische Bedeutung des suggestiven Rapports auf den Körper bei der leichten Hypnose offenbar eine geringere ist, besonders die dynamische Bedeutung der Einwirkung auf den Schlafapparat. Nun ist es doch sicher, daß das In-Funktion-Treten des Schlafmechanismus sehr wesentliche psycho-physische Umstellungen anderer Art mit sich bringt. Zweifellos ist im Schlafe einesteils der suggestive Rapport mit archaischeren Schichten der Persönlichkeit erleichtert, die Halluzinationsfähigkeit gesteigert und die Ansprechbarkeit der vasovegetativen Apparate im Zwischenhirn abgeändert. Auch bringt der Schlaf Umstellungen in bezug auf die Gedächtnisphänomene mit sich, was später noch eingehend zu erörtern sein wird. Wir müssen freilich in bezug auf das Hervorrufen des Schlafes neben der dynamischen Bedeutung des suggestiven Rapportes auch den Zustand des Schlafapparates als solchen berücksichtigen, wenn auch diese Scheidung im Einzelfalle nicht ganz leicht durchzuführen ist. Es ist übrigens bekannt, daß gute Schläfer im allgemeinen besser hypnotisabel sind als schlechte Schläfer. Wir hätten also für die Wirksamkeit der Schlafsuggestion, wie oben schon ausgeführt, den Faktor des organischen Zustandes eines Hirnapparates, auf welchen die Suggestion einwirkt, mit zu berücksichtigen. Inwieweit vasomotorische Phänomene, Schweißsekretion, Menstruation in der Hypnose beeinflußbar sind, hängt sicherlich von dem Zustand dieser vasovegetativen Funktionen im Mittel-, Zwischen- und Endhirn mit ab. So war die Patientin von Heller und Schultz, bei welcher auf suggestivem Wege Blasenbildung hervorgerufen werden konnte, auch sonst vasomotorisch im stärksten Grade erregbar. Man wird also eine relative Selbständigkeit der einzelnen Hirnapparate gegenüber psychischem Einfluß wohl annehmen müssen, wenn auch die eine Funktion mittelbar die andere sehr wesentlich beeinflussen kann. Von diesem Gesichtspunkte aus gewinnt die Frage an erhöhtem Interesse, inwieweit die oberflächliche Hypnose auf die Gedankenbildung, die Vorstellungstätigkeit und die psychische Gesamthaltung des Kranken und der hypnotisierten Persönlichkeit überhaupt von Einfluß sein könne. Hier kann zunächst nur grundsätzlich auf das therapeutische Problem des Hypnotismus verwiesen werden, nämlich, daß der suggerierte Inhalt, der ja zunächst nur in der Peripherie des seelischen Erlebens steht, und sei die Hypnose noch so tief, erst ganz allmählich der Gesamtpersönlichkeit einverleibt werde. Es handelt sich also bei der therapeutischen Hypnose weniger um die Tiefe der Hypnose als solche, sondern um deren seelische Tiefendimension oder, mit anderen Worten, um die Umgestaltung der Gesamtpersönlichkeit. Ebenso wie die Hörigkeit von der Hypnose geschieden werden muß und die Hypnose nur als technisches Hilfsmittel angesehen werden kann zur Herbeiführung der Hörigkeit, welche in seelische Tiefenschichten hinabreicht und wirklich die Persönlichkeit in ihrem Kerne irgendwie trifft, ebenso ist ja die therapeutische Suggestion nur technisches Hilfsmittel zu einem Gesamtumgestaltungsprozeß des Kranken, welcher freilich zu dem Prozeß des Hörigwerdens in diametralem Gegensatze steht. Die Hypnose ist in diesem Sinne, sei sie nun oberflächlich oder tief, nur technisches Hilfsmittel zur Umgestaltung der Gesamtpersönlichkeit, und Hypnose und Suggestion heben sich in diesem Sinne nach der Erreichung des therapeutischen Zweckes von selbst auf, denn auf diesem Wege ist ja die Differenz zwischen den wahren Zielen des Idealichs und den ihm suggestiv gegebenen bereits wieder geschwunden. Es ist eine Erfahrungstatsache, daß der psychische Umgestaltungsprozeß auch durch die Suggestion in oberflächlicher Hypnose erreicht werden kann.

IX. Die Amnesie.

Unsere bisherigen Erörterungen mußten das Problem der Erinnerungslosigkeit für das in der Hypnose Erlebte beiseite schieben, solange die psychologische Grundfrage nach der psychischen Einstellung des Hypnotisierten noch nicht geklärt war. Nach der Darstellung unseres Lösungsversuches, es liege in der Hypnose eine Form der Übertragung vor, können wir uns nun dem Problem der Amnesie für das in der Hypnose Erlebte zuwenden. Um zunächst das Tatsächliche zu wiederholen: eine Reihe von Hypnotisierten weiß nichts von den Erlebnissen, welche sie in der Hypnose hatten.

Meist sind es die sehr suggestibeln Patienten, welche amnesieren. Aber diese Regel zeigt Ausnahmen in doppelter Hinsicht. Es amnesieren nämlich sehr viele sonst äußerst suggestible Personen das in der Hypnose Erlebte nicht, anderesteils sieht man gelegentlich Hypnotisierte, welche in der Hypnose Suggestionen nicht akzeptieren, aus der Hypnose auffahren, die Augen öffnen, scheinbar völlig wach werden und trotzdem hinterher eine komplette Amnesie zeigen. Neben der spontan auftretenden Amnesie gibt es Amnesien, welche erst auf den ausdrücklichen Befehl des Versuchsleiters auftreten. Posthypnotische Befehle werden im allgemeinen besser durchgeführt, wenn Amnesie vorhanden ist. Doch gilt dieser Satz nicht ausnahmslos. Auch die Hypnose und der hypnotische Tiefschlaf werden häufig amnesiert. Von dieser Erfahrung aus wird auch die häufig gemachte Beobachtung verständlich, daß bei Einschaltung eines tiefhypnotischen Zustandes zwischen ein oberflächliches Anfangs- und Endstadium der Hypnose von der Versuchsperson trotzdem angegeben wird, sie sei während der ganzen Zeit der Hypnose „wach" gewesen und könnte sich an alles in der Hypnose Erlebte erinnern. Das Wachbewußtsein setzt eben hier über die kurze amnestische Tiefschlaflücke hinweg die Kontinuität vom nicht amnesierten Anfangsstadium der Hypnose zum gleichfalls nicht amnesierten Endstadium fort.

Die bedeutsame Frage ist die, weshalb denn die Spontanamnesie nach stattgehabter Hypnose eintrete. Hier mag zunächst daran erinnert werden, daß ja dem Hypnotisierten Tiefschlaf suggeriert wird, und daß wir im allgemeinen keine Erinnerung aus dem Tiefschlaf zu haben pflegen. Auch die Träume werden, wie bekannt, ja außerordentlich häufig vergessen. Wir können zur Erklärung des Vergessens der Träume vom formalen Gesichtspunkt aus deren Zerrissenheit anführen. Von der inhaltlichen Seite her entspricht dieser Zerrissenheit ein primitives Triebleben, welches Verdrängungen auslöst. Wir werden uns zur Erklärung der hypnotischen Amnesie der gleichen Annahme bedienen müssen, werden aber betonen müssen, daß ja unseren ganzen Ausführungen nach wesentliche Teile des hypnotischen Erlebens dem Traumerleben nicht entsprechen, sondern eine vorbewußte Struktur tragen, welche der Struktur des Wacherlebens weitgehend entspricht. Um so mehr haben wir Veranlassung, nach dem Motiv der Amnesie zu suchen, das wir in inhaltlichen Besonderheiten zu suchen haben. Offenbar schämt sich der Hypnotisierte der infantil-masochistischen Einstellung und leugnet, um diese zu verhüllen, die Hypnose. Man sieht sogar nicht selten, daß Hypnotisierte entrüstet ableugnen, hypnotisiert gewesen zu sein. Besonders der Tiefschlaf wird häufig geleugnet (s. oben). In diesen Kreis von Erscheinungen gehört es auch, daß Hypnotisierte, welche sich aus irgendeinem Grunde von ihrem Hypnotiseur losgelöst haben, nicht nur behaupten, sie seien niemals hypnotisiert gewesen, sondern auch zum Beweise dessen alles das erzählen, was in der Hypnose stattgefunden hatte, und was scheinbar amnesiert war. Vielleicht werden wir durch derartige Tatsachen auch daran erinnert, daß der Hypnotisierte auch dem Hypnotiseur zuliebe vergißt.

Die Amnesie der Hypnose kann aber auch auf anderem Wege schwinden. Gar nicht selten taucht im Traum der Inhalt der Hypnose auf, ohne daß der Patient immer imstande wäre, genau anzugeben, woher dieser Inhalt eigentlich stamme. Auch in der Form eines frei steigenden Einfalls kann der Inhalt der Hypnose erscheinen. Weiter kann die posthypnotische Amnesie bei eindringlichem Befragen, bei Befragen unter suggestiven Prozeduren (etwa Hand auf die Stirne legen oder die Stirne streichen) schwinden. Und schließlich durch eine neuerliche Hypnose, wobei entweder in der Hypnose der Inhalt erweckt werden kann mit dem gleichzeitigen Befehl, nach dem Erwachen den Inhalt der Hypnose nicht zu vergessen, oder in der Hypnose lediglich der Befehl gegeben wird, nach dem Erwachen alles zu erinnern. Wir können also grundsätzlich sagen, daß jeder Hypnoseinhalt durch neuerliche Hypnose dem Tagesbewußtsein wieder zugänglich gemacht werden kann.

Die Gedächtnislücken nach tiefen Hypnosen entsprechen ihrer Struktur nach durchaus jenen, welche wir bei der Hysterie und nach den hysterischen Ausnahmszuständen antreffen. Es ist selbstverständlich, daß auch hysterische Amnesien durch Hypnose beseitigt werden können. Die ursprüngliche Theorie von Breuer und Freud ging dahin, daß durch traumatische Erlebnisse ein hypnoider Zustand geschaffen werde, welcher das volle Bewußtwerden der traumatischen Erlebnisse verhindere, die traumatischen Erlebnisse amnesiere. Durch diese Absperrung vom Bewußtsein erlange das traumatische Erlebnis erst seine krankmachende Wirksamkeit. Die Absperrung vom Bewußtsein klemme den Affekt ein, die Einklemmung des Affektes rufe die hysterischen Erscheinungen hervor. Er würde auf dem Wege der Konversion in die körperlichen, somatischen Erscheinungen umgewandelt. Die Amnesie wäre nach dieser Anschauung Vorbedingung der Wirksamkeit eines traumatischen Erlebnisses. In der Hypnose haben wir nun Gelegenheit, die Breuer-Freudsche Anschauung einer experimentellen Prüfung zu unterziehen. Wir geben der Versuchsperson in der Hypnose den Auftrag, sie sollte nach dem Erwachen immer dann in die Hände klatschen, wenn die Frage gestellt werde: „Wie geht es Ihnen?" Nach dem Erwachen klatscht die Versuchsperson, verwundert über sich selbst, auf die entsprechende Frage immer wieder, unermüdbar in die Hände. Nachdem ihr nun durch hypnotische oder suggestive Maßnahmen die Erinnerung wiedergegeben ist, hört sie mit dem In-die-Hände-Klatschen auf die betreffende Frage zu reagieren auf. Nicht immer geht der Versuch in derart eindeutiger

Weise vonstatten. Bisweilen versandet die Reaktion von selbst, bisweilen ist der posthypnotische Befehl wirksam, auch ohne daß Amnesie vorhanden gewesen wäre. Es kann also die ursprüngliche Breuer-Freudsche Formulierung nicht die völlige Aufklärung in sich schließen.

Die neuere Entwicklung der Psychoanalyse beantwortet diese Frage, indem sie in den Infantilstrebungen, welche verdrängt sind und ihre Wirksamkeit entfalten, das wesentliche Moment der Hypnose sieht. Das traumatische Erlebnis ist nur insoweit wirksam, als es solche infantil-erotische Einstellungen wachruft. Die Amnesie ist aus den oben bezeichneten Gründen sehr häufig mit dem traumatischen Erlebnis verknüpft, leistet dessen Wirksamkeit zwar Vorschub, ist aber nicht die Vorbedingung der Wirksamkeit des traumatischen Erlebnisses. Bedeutsam sind vielmehr nur die Triebeinstellungen des kindlichen Lebens und die mit ihnen verbundenen Amnesien. Nur deren Aufhellung würde nach dem neueren Stand der Psychoanalyse die vollständige Heilung mit sich bringen. Die ursprüngliche Methode der Psychoanalyse war die sog. kathartische Hypnose. Der Patient wird in der Hypnose zum Wiedererinnern der traumatischen Szene gezwungen; ist die traumatische Szene erinnert, so ist der eingeklemmte Affekt freigemacht, das Individuum der Hysterie ledig. In dem berühmten Fall der Anna O., jener Beobachtung Breuers, welche den Ausgangspunkt der Psychoanalyse darstellt, verschwanden die Symptome, wenn im Laufe der kathartischen Hypnose alle Ereignisse aufgedeckt worden waren, welche in dem hysterischen Symptom zum Ausdruck gekommen waren. Es mußte allmählich von rezenteren zu früheren Gelegenheiten zurückgegangen werden, bei welchen das Symptom aufgetreten war. Erst nachdem der erste Anlaß festgestellt worden war, verschwand das Symptom. Der Weg der kathartischen Hypnose ist demnach systematisches Rückverfolgen zum ersten Anlaß.

Da die Hypnose auf infantil-erotischen Bindungen beruht, ist es klar, daß wir gerade jene infantil-erotischen Bindungen, welche nach Ansicht der Psychoanalyse so wichtig sind, mittels der Hypnose nicht lösen können. Gerade jener Teil der Neurose, welchen wir jetzt als konstituierend ansehen, entzieht sich also der kathartischen Hypnose. Wir wollen diesem Gedankenzug noch einen zweiten zur Ergänzung hinzufügen. In dem Material, das durch hypnotische Amnesie verdeckt wird, handelt es sich zum großen, ja zum überwiegenden Teil um Material, welches die Struktur des Vorbewußten trägt. Wir wissen aber, welche ausschlaggebenden Anteil das System Ubw. an der Entstehung der Neurose hat. Wir werden schon aus dem Ubw.-Charakter der Erlebnisse in der Hypnose ableiten können, daß die kathartische Hypnose nur eine begrenzte Wirksamkeit haben kann.

Es geht schon aus dem bisher mitgeteilten Material hervor, daß der Inhalt der einen Hypnose mit dem Inhalt der anderen Hypnose in Kommunikation steht. Man kann davon sprechen, daß die vorbewußten Materialien miteinander in Verbindung stehen. Die gleiche Kommunikation besteht aber auch zwischen Inhalt der hysterischen Ausnahmszustände und der Hypnose und weiter zwischen den verschiedenen Ausnahmezuständen selbst. Wir gewinnen so die Verbindung zu jenen berühmten Fällen des sog. doppelten Bewußtseins. Bezeichnen wir den Normalzustand als ersten, den Ausnahmszustand als zweiten (état seconde, P. JANET) so können die Erlebnisse des 2. Zustandes zu einer scheinbar geschlossenen Persönlichkeit verbunden sein, ohne daß die Persönlichkeit des 2. Zustandes von der Persönlichkeit des 1. Zustandes weiß. Auch der 1. Persönlichkeit kann vollständig entzogen sein, was die 2. Persönlichkeit denkt und fühlt. Es sind aber die verschiedensten Variationen denkbar. Gelegentlich weiß die eine Person von der anderen, ohne daß das Umgekehrte der Fall wäre. Es muß ja betont werden, daß die Erlebnisse des hysterischen Ausnahmezustandes, welche der normalen Persönlichkeit nicht zu Gebote stehen, doch im psychischen Erleben enthalten sein müssen. Sie können entweder in einem vorgehaltenen Krystall erscheinen, sie können in Träumen erlebt werden, sie können aber auch in der Art und Weise nachgewiesen werden, daß Worte, welche auf Erlebnisse des Ausnahmezustandes hinzielen, körperliche Affektreaktionen hervorrufen, welche aus den Erlebnissen des Normalzustandes heraus nicht verständlich sind. PRINCE und PETERSEN haben in einem Falle von doppeltem Bewußtsein mittels des psychogalvanischen Phänomens gezeigt, daß die Versuchsperson auf jene Erlebnisse affektiv reagiert, von denen sie anscheinend gar nichts weiß. Und das führt zu der bedeutsamen Frage, in welcher Weise die scheinbar vergessenen Erlebnisse erlebt werden. Sind sie wirklich unbewußt, oder sind sie nicht doch im Hintergrunde des Bewußtseins? Unsere Beobachtungen an dem Verhalten Somnambuler zeigen, daß die scheinbar nicht wahrgenommene Wirklichkeit doch in das Erleben der Hypnotisierten hineinragt. Es ist also wohl auch der Schluß gerechtfertigt, daß im Wachzustand die Erlebnisse der Hypnose im Bewußtsein seien, wenn auch nur im Hintergrunde des Bewußtseins und daß das gleiche von dem Erlebnis der hysterischen Ausnahmszustände gelte, besonders, wenn man sich die oben beschriebenen Tatsachen in die Erinnerung ruft. Wir sind also der Ansicht, daß auch die scheinbar vergessenen Erlebnisse im Erlebnis enthalten sind; freilich nicht im Vordergrunde, sondern im Hintergrunde des Erlebens, und wir meinen, daß im Hintergrunde des Erlebens der Hypnotisierten, wie wir ja immer wieder betont haben, die wahre Persönlichkeit stehe, und daß im Hintergrunde der erweckten Person die Erlebnisse der Hypnose stehen. Diese Anschauung möchten wir ohne Einschränkung auf die hysterischen Ausnahmszustände und auf die Zustände des doppelten Bewußtseins übertragen. Die Amnesien der Hypnose sind von allgemeinen psychologischen Gesichtspunkten aus von ungemein weitreichender Bedeutung. Im posthypnotischen Befehl führt das Individuum einen Befehl durch, ohne daß es sich der Übernahme des Befehles bewußt ist. Wird es gefragt, weshalb es den Befehl durchgeführt habe, so gibt es entweder die Auskunft, es wisse nicht, weshalb, bedeutungsvoller ist aber, daß sehr häufig Fehlauskünfte gegeben werden. So kann ein Hypnotisierter, der auf posthypnotischen Befehl hin bei klarem Himmel den Regenschirm aufspannt, etwa angeben, er wolle sich gegen die Sonne schützen, oder eine Versuchsperson, welche auf posthypnotischen Befehl in die Hände klatscht, sie habe ihrer Freude über ihr gutes Befinden Ausdruck gegeben u. dgl. m. Es besteht die Tendenz, die vielfach aus dem normalen Alltagsleben herausfallenden posthypnotischen Befehlsausführungen irgendwie motivierend in den normalen Fluß der Begebenheiten einzuordnen. Inwieweit freilich eine derartige Motivierung, die mitunter in Form einer verlegenen Ausrede gebracht wird, von der motivierenden Person selbst geglaubt wird, oder inwieweit es sich hier um eine innerlich evidente Aussage handelt, muß dahingestellt bleiben. Die Hypnose zeigt also, daß wir die Motive unserer Handlungen nicht kennen, welch tiefe Erkenntnis der Grundpfeiler ist, auf dem die Psychoanalyse ruht.

Einige Worte über die sogenannte posthypnotische Suggestion sind notwendig. Wenn schon das Individuum in der Hypnose selbst von den Einstellungen der eigenen Persönlichkeit bestimmt wird, nur jene Befehle durchzuführen, welche sich mit den Zielen der Persönlichkeit in Einklang bringen lassen, so werden wir wohl das gleiche auch für den posthypnotischen Befehl voraussetzen dürfen. Einzelne Autoren nehmen ja an, daß während der Durchführung des posthypnotischen Befehls die Hypnose wieder auflebt. Eine Annahme, die insoferne ihre Berechtigung hat, als in der Tat bei einer Reihe solcher Fälle die Versuchspersonen während der Durchführung des posthypnotischen Befehles in einen traumhaften Zustand geraten. In anderen Fällen unterscheidet sich der nach dem posthypnotischen Befehl Handelnde kaum von einem anderen Menschen, der einen Befehl durchführt, so daß es gezwungen wäre, von einem neuerlichen Auftreten der Hypnose zu sprechen. Aber wie dem auch sei, posthypnotische Befehle setzen letzten Endes die Übereinstimmung der Persönlichkeit voraus. Besonders beachtenswert sind jene Fälle, in welchen die Versuchsperson den posthypnotischen Befehl in einer etwas abgeänderten Weise durchführt, so daß er doch den Anforderungen der Persönlichkeit besser entspricht, als es bei der reinen Durchführung des posthypnotischen Befehles der Fall gewesen wäre. So sahen wir Versuchspersonen, welche den Auftrag bekommen hatten, in die Hände zu klatschen, sich des Auftrags in der Weise entledigen, daß sie sich die Hände rieben und dabei gleichzeitig leichte Klatschbewegungen machten, so daß der Befehl in eine wenig auffällige Ausdrucksbewegung abgeändert wurde. Man sieht, daß es sich letzten Endes nur um die einheitliche Persönlichkeit dreht, welche immer irgendwie in die Einzelhandlungen eingreift und sie kontrolliert. Amnesien irgendwelcher Art stellen keinerlei Trennungsstrich zwischen den einzelnen Erlebnissen der Persönlichkeit dar. Das scheinbar vergessene Material ist der Persönlichkeit doch gegenwärtig, es steht ihr nur nicht so frei zu Gebote. Wenn also das in der Hypnose Erlebte scheinbar vergessen wird, so handelt es sich nicht darum, daß Erlebnismaterial wirklich zugrunde ginge und entschwände, ja es ist sogar immer wieder da und immer wieder gegeben, es steht nur der Persönlichkeit nicht jederzeit zur Verfügung, es ist abgedrängt, es ist in den seelischen Hintergrund getreten.

Die Frage ist von der größten Bedeutung, ob das durch die Hypnoselehre Vermittelte für die Gedächtnispsychologie im allgemeinen verwertet werden kann, und es muß die Frage gestellt werden, inwieweit dieses Prinzip auf andere Gedächtnisstörungen und auf das Vergessen überhaupt ausgedehnt werden kann. Hier ist zunächst daran zu erinnern, daß die hypnotische Literatur eine ganze Reihe von verblüffenden Beobachtungen kennt, in welchen unter dem Einfluß der Hypnose längst vergessenes Erlebnismaterial wieder im Vordergrund erscheint. So erzählt BENEDICT von einem Offizier, der in der Hypnose plötzlich eine neue Sprache sprach, es war die wallisische, welche der Offizier als Kind gelernt, später aber wieder vergessen hatte. Die tiefe Ähnlichkeit zwischen dem spontanen Trancezustand und den Erscheinungen der Hypnose kommt darin zum Ausdruck, daß ein Dienstmädchen in einem Trancezustand plötzlich aramäisch zu sprechen begann, welche Sprache sie als Kind bei dem Pfarrer gehört hatte, ohne daß sie sich bewußt gewesen wäre, diese Sprache erlernt zu haben. Man sieht also, daß zwischen dem vergessenen Material auf der einen Seite, dem Zustand der Hypnose und der Trance auf der anderen Seite sehr enge Beziehungen bestehen. Es kann also auch auf „normalem“ Wege Vergessenes durch die Hypnose ins Bewußtsein gebracht werden. Damit ist aber ein entscheidender Hinweis gegeben, daß uns die Gedächtniserscheinungen der Hypnose eine Aufklärung der normalen Gedächtniserscheinungen geben können.

Hier setzen nun einesteils Untersuchungen der KÜLPEschen Schule ein, anderesteils die Forschungen der Psychoanalyse. Seit ACH wissen wir, daß determinierende Tendenzen das Seelenleben beherrschen. Diese bestimmen nicht nur das Material, das auftaucht und in Vorstellungen und Gedanken bewußt wird, sondern sie wählen auch noch unter dem aufgetauchten Material aus. Das, was assoziiert wird, ist im Sinne von Aufgaben bestimmt, Aufgaben, welche auch die endgültige Verwertung des bereits Bewußtgewordenen bestimmen. Es ist bemerkenswert, daß ACH zur Begründung seines Standpunktes auch Hypnoseversuche heranzieht. Die Aufgabenstellung bedingt es, daß Materialien, welche zur Lösung der Aufgabe nicht dienlich sind, beiseitegeschoben werden. Es ist also auch hier ein Verdrängen, allerdings im weiteren Sinne des Wortes, gegeben. Oder mit anderen Worten, im Erinnern und im Assoziieren ist ein sinnhafter Faktor gegeben, welcher sinnhaft die Auswahl des Assoziierten bestimmt. Die Psychoanalyse hat dieses Schema mit reichem Leben erfüllt. Daß alles Erinnern nur erfolgt als Ausdruck der Triebeinstellungen, daß jedes Erinnern triebhaft bedingt ist, ergibt sich aus jeder einigermaßen sorgfältig geführten Analyse. Es ist nur eine andere Formulierung dieser durch FREUD vermittelten Erkenntnisse, daß jedes Vergessen aus affektiven Momenten erfolgt, daß also das Vergessen nicht etwa eine Vernichtung von Gedächtnismaterial bedeute. Dementsprechend hat FREUD in einem Falle die Analyse bis in das Alter von anderthalb Jahren zurücktreiben und eine in diesem Alter gegebene Szene wiederherstellen können. Wenn wir im Laufe des Lebens so vieles vergessen, so vergessen wir es deshalb, weil wir es nicht brauchen können, weil wir ein Interesse daran nicht gewinnen können und weil unser Interesse an den Einzelheiten nicht zum Haften gebracht werden kann. Ja, wir gehen sogar so weit, anzunehmen, daß die einzelnen Lernakte und Lesungen, welche zur Bewältigung eines Lehrstoffes führen, im Psychischen in ihrer Individualität erhalten bleiben müssen, und daß sie in ihrer Gänze reproduziert werden könnten, wenn es gelänge, Haftpunkte für das biologische Interesse zu finden. Man sieht, der Typus der Amnesie der Hypnose ist der Typus des Vergessens überhaupt, und hierin liegt seine große Bedeutung. Man könnte gegen diese Anschauung anführen, daß es ja auch organisch bedingte Amnesien gebe. Hier setzen Untersuchungen ein, welche seit Jahren an unserer Klinik durchgeführt werden.

STERN hat die Amnesien Berauschter auch dann aufhellen können, wenn es sich um sogenannte pathologische Räusche handelt. Wir haben es offenbar hier mit einer Amnesie zu tun, die durch einen organischen Faktor bedingt oder begünstigt ist, und welche durch Hypnose trotzdem aufgehellt werden kann. Bedeutungsvoller ist, daß nach den Untersuchungen von GRAETER, MURALT und RIKLIN und nach den Untersuchungen des einen von uns auch epileptische Ausnahmszustände durch Hypnose aufhellbar sind. Die epileptische Amnesie galt und gilt ja als der Typus organisch bedingter Amnesie. Ähnlich gelang es SCHILDER und STERN, die retrograden Amnesien wiederbelebter Erhängter, deren „organischen Charakter" WAGNER-JAUREGG nachgewiesen hat, durch

Hypnose aufzuhellen[1]). Bezüglich der Amnesien nach Schädeltraumen, der retrograden Amnesien der Schädeltraumatiker ist uns die Aufhellung in der Hypnose noch nicht geglückt. Aber die Art der Aufhellung in einem Falle von RIGHETTI entsprach der Aufhellung einer hysterischen Amnesie, und die Art der Aufhellung in einem Falle von Amnesie nach Schädelverletzung, den HARTMANN und SCHILDER studiert haben, ließ gleichfalls nur den Schluß zu, daß das Gedächtnismaterial als solches nicht zerstört, sondern erhalten geblieben war. So scheint es, daß kein Teilgebiet organisch bedingter Amnesien sich der hier durchgeführten Betrachtungsweise entziehe[2]). Auch J. H. SCHULTZ vertritt ähnliche Anschauungen.

Das bisher Gesagte bezieht sich ausschließlich auf die Gedächtnislücken, auf die Amnesien, und wir haben nicht das Recht, alle Gedächtnisstörungen als Amnesien zu bezeichnen. Es handelt sich ja nicht nur um das Vergessen des früher Erlernten, das wir in der Tat den Amnesien gleichzusetzen berechtigt sind, sondern auch um das Vergessen des eben Neuerlebten, also das, was man als Korsakoffsches Syndrom zu bezeichnen pflegt, eine Merkfähigkeitsstörung. Hier sind die ersten wesentlichen Hinweise in den Untersuchungen von BRODMANN und GREGOR bei Korsakoff-Kranken gegeben, welche zeigen, daß ein einmal gelernter Stoff mit Ersparnis wiedergelernt werde. Es muß also auch bei noch so schwerer Merkfähigkeitsstörung eine Spur zurückgeblieben sein, und es besteht allerdings die Frage zu Recht, inwieweit diese Spur überhaupt noch als psychisch anzusehen sei, und ob es sich nicht lediglich um körperliches Residuum handle. Einen gewissen Hinweis geben Versuche des einen von uns, welche gezeigt haben, daß das im epileptischen Ausnahmszustand Erlebte mit Ersparnis gelernt wird, wenn der Ausnahmszustand abgeklungen ist. Ähnlich verhält es sich mit während der Hypnose erlernten Stoffen. Nun wissen wir aus den vorangehenden Ausführungen, daß das im epileptischen Ausnahmszustand Erlebte auch psychisch fortgegeben ist. Wir würden einen gewissen Anhaltspunkt dafür haben, daß immer dort, wo Ersparnis erzielbar ist, auch psychische Spuren vorhanden sein müssen. Freilich handelt es sich nicht um einen beweisenden Schluß, sondern nur um eine durch Analogie gestützte Vermutung. Hierzu kommt aber, daß nach den Untersuchungen von BETLHEIM und HARTMANN das Material, welches das vergessene Material ersetzt, Verdichtungen und Verschiebungen erfährt, welche weitgehend den Ver-

[1]) Natürlich darf man nicht in jedem Einzelfalle auf Erfolge rechnen. Wir sahen oft Versager. Grundsätzlich halten wir jedoch derartige Amnesien für aufhellbar. Selbst bei der technisch leichter behebbaren hysterischen Amnesie versagt der Versuch der Aufhellung gelegentlich, ohne daß wir Grund hätten, unsere Anschauungen über die hysterische Amnesie zu ändern.

[2]) Amnesiert kann natürlich nur werden, was wahrgenommen und aufgefaßt wurde. Im Stupor und in der Bewußtlosigkeit wird nichts aufgefaßt. Hier kann also nichts reamnesiert werden.

dichtungen und Verschiebungen des Traumes und der Hysterie entsprechen. Wir dürfen aber annehmen, daß weder im Traum noch in der Hysterie das scheinbar Vergessene wirklich vernichtet ist. So ist ein neues Wahrscheinlichkeitsmoment dafür gegeben, daß auch die Merkfähigkeitsstörungen mit ähnlichen Grundannahmen verstanden werden können wie die Amnesien. Damit sind wir aber tief in das Bereich der organischen Gedächtnisstörungen vorgestoßen, und wir wissen überhaupt nicht, welche Form von Gedächtnisstörung sich unserer Betrachtungsweise grundsätzlich entziehen würde. Man könnte allenfalls noch darauf verweisen, daß bei den Aphasien und Agnosien Gedächtnismaterial verlorengehe. Doch hat der eine von uns im Anschluß an Gedankengänge BERGSONS dargetan, daß wir nicht das Recht haben, bei den Aphasien und Agnosien von einem Verlust des Gedächtnismateriales zu sprechen. Damit wäre aber die Erkenntnis gewonnen, daß die Gedächtnisstörungen der Hypnose das Verständnis organischer Gedächtnisstörungen erleichtern können.

Auf einige Züge der Gedächtnisstörungen in der Hypnose und ihrer Aufhellung sei noch besonders verwiesen. Wir haben bereits hervorgehoben, daß im Traum oder im freien Einfall das Gedächtnismaterial aus der Hypnose auftaucht. Häufig, ohne daß das Individuum sich darüber klar ist, woher das Gedächtnismaterial stammt, ohne daß es imstande wäre, das Gedächtnismaterial räumlich und zeitlich entsprechend einzuordnen. Das erinnert daran, daß wir Ähnliches auch von epileptischen Ausnahmszuständen (BONHOEFFER) kennen und auch von der Spontanaufhellung der Amnesien bei Schädeltraumen. Wir haben uns ja im allgemeinen die Vorstellung zu bilden, daß der Prozeß der Erinnerung ein Prozeß fortschreitender Differenzierung sei, und daß der Endpunkt dieser Differenzierung, welcher über eine Reihe von Verschiebungen und Verdichtungen zum vergessenen Material führt, die Einordnung dieses Materials in die richtigen räumlichen, zeitlichen und sachlichen Beziehungen ist. Dabei werden während dieses Differenzierungsprozesses gelegentlich Einzelheiten differenziert, während alles übrige noch im Dunkeln bleibt. Von diesen Tatsachen aus gewinnen wir erst die Möglichkeit, das zu verstehen, was sich bei der Aufhellung amnestischer Lücken, auch wenn diese aus einer Hypnose stammen, abspielt. Diese Aufhellung geschieht entweder stückweise oder schichtweise. Man ist ferner bei der Aufhellung von Lücken niemals davor gesichert, daß sich entstelltes Material dazwischen dränge. Das gleiche gilt übrigens auch von der Aufhellung irgendwelcher im Verlaufe von Erkrankungen entstandener amnestischer Lücken. Die Aufhellung amnestischer Lücken kann ja vor Gericht bedeutsam werden. Übt man nach BREUER und FREUD kathartische Hypnosen, so wird die Aufhellung wiederum von besonderer Bedeutsamkeit sein müssen, doch ist man auch hier selbstverständlich vor Täuschungen niemals gesichert, seien diese nun dem „Unbewußten" des Patienten entsprungen, oder seien diese Simulation schlechthin. Man vergleiche hierzu eine Beobachtung des einen von uns, welche eine somnambule Patientin betrifft.

Der Abschnitt über Gedächtnisstörungen bei Hypnosierten ist insoferne noch unvollständig, als wir noch nicht darauf verwiesen haben, daß zwischen gewissen pharmakologisch-toxischen Einwirkungen, dem Schlaf, der Hypnose und dem Gedächtnis ganz enge Beziehungen bestehen. Es ist zunächst daran zu erinnern, daß im Schlafe häufig dem Gedächtnis längst entschwundenes Material wieder auftaucht. Daß im Rausch Erlebnisse eines früheren Rausches wieder erinnert werden können, ist zu bekannt, als daß es neuerdings betont werden müßte. Schließlich haben sich uns Schlafmittel zur Beseitigung von hartnäckigen Amnesien als besonders zweckdienlich erwiesen. Wir müssen also annehmen, daß das System Tiefschlaf ganz enge Berührungen hat zu den Gedächtnissystemen. Daß dieses System gleichfalls zur Hypnose enge Beziehungen hat, ist ja bereits wiederholt von uns hervorgehoben worden. Über eine Reihe weiterer Fragen, die sich an die Schlafmittelwirkung und an deren Beziehung zur primitiven Motilität sowie auch an die Beziehungen zur Schizophrenie knüpfen, wird im folgenden noch eingehend zu sprechen sein.

X. Physiologische Theorie der Hypnose.

Von einem besonderen Interesse erscheint zunächst die Frage nach der Hypnose bei den Tieren. Es ist bekannt, daß eine Reihe von Tieren in Zustände versetzt werden können, welche wenigstens in vielen äußeren Punkten der Hypnose des Menschen entsprechen. Solche Zustände kann man etwa beim Flußkrebs erzielen, sie können aber auch bei Säugetieren hervorgerufen werden. Das Mittel, durch welches Tiere in den Zustand der Hypnose gebracht werden können, ist das, daß sie in unbequemen Lagen festgehalten werden. Man hat die Hypnose der Tiere (Preyer) auf Schreck zurückgeführt und hat von einer Schreckstarre oder Kataplexie gesprochen. Forel wendet dagegen nicht mit Unrecht ein, daß gerade die zahmsten Tiere am leichtesten in Hypnose gebracht werden können. Er ist geneigt, von echter Suggestion zu sprechen. Zweifellos ist ein psychischer Faktor in den Tierhypnosen gegeben. Nun hat Verworn darauf verwiesen, daß es tonische Lagereflexe seien, welche durch das Festhalten des Tieres in ungewohnten und unbequemen Lagen ausgelöst würden. Er schließt allerdings mit Unrecht daraus, daß die Tierhypnose deshalb nichts Psychologisches an sich habe, die Tierhypnose kann recht gut einesteils auf tonischen Lagereflexen beruhen, kann aber anderesteils psychologisch fundiert sein. Psychologisch und Physisch sind keineswegs Gegensätze, und mit Bleuler müssen wir immer wieder betonen, daß wir zu sagen haben: „Physisch und psychisch und nicht physisch oder psychisch." Es ist beachtenswert, daß nach MANGOLD, der die hierhergehörige Literatur zusammenstellt, Hypnosen auch bei großhirnlosen Vögeln und Säugetieren zustandekommen. Ja, SPIEGEL und GOLDBLOM haben vor kurzem zeigen können, daß die Erscheinungen der Hypnose bei Säugetieren zustandekommen, wenn nur das Zentrum der Stellreflexe, der rote Kern, erhalten geblieben ist. Das heißt mit anderen Worten, solange das Tier überhaupt zu Lageveränderungen fähig ist, kann es durch jene Prozeduren, welche die tierische Hypnose hervorrufen, dazu gebracht werden, diese Lageveränderung nicht durchzuführen. Nun müssen wir auch schon mit Bezug auf die experimentellen Ergebnisse an Tieren den allgemeinen Gesichtspunkt unterstreichen, daß die Abtragung eines Hirnteils unter Umständen Funktionen in primitiveren Hirnteilen wieder lebendig werden läßt, welche bei der normalen Funktion nicht oder nicht im gleichen Ausmaß verwertet werden. Wenn also nach Abtragung eines bestimmten Hirnteils eine Funktion keine Veränderung erfährt, so beweisen derartige Versuche nicht, daß der abgetragene Hirnteil für die Funktion bedeutungslos sei. Aber immerhin ist es bemerkenswert, daß die Hypnose der Tiere darauf hindeutet, daß sich vieles von dem, was wir der Hypnose sonst zuschreiben, in primitiven motorischen Zentren abspielt.

Noch größer sind die Schwierigkeiten, welche sich der Beurteilung der Hypnose der wirbellosen Tiere entgegenstellen. Man findet grundsätzlich zwei Typen, nämlich einen hypotonischen und einen hypertonischen, also jene Typen, welche wir auch bei der Hypnose des Menschen antreffen. Besonders beachtenswert ist die folgende Beobachtung, welche MANGOLD mitteilt (nach HEYMONS). Bei der häßlichen Walzenspinnenart Galeodes kaspius turcestanus versucht das Weibchen, die freienden Männchen zu verzehren; nur wenn es dem Männchen gelingt, die Zangen in eine bestimmte Stelle des Unterleibs einzuhacken, läßt das Weibchen den Geschlechtsakt bewegungslos über sich ergehen; man kann den hypnotischen Zustand des Weibchens im Laboratorium nachmachen, indem man die bestimmte Stelle des Weibchens zwischen die Pinzette faßt, bezeichnenderweise gelingt dieser Versuch nur zur Brunstzeit. MANGOLD selbst ist geneigt, in der tierischen Hypnose eine Einrichtung zu sehen, welche im Dienste sexueller Instinkte steht, und man wird in der Tat vermuten dürfen, daß Hypnose und ein hypnoseähnlicher Zustand bei der sexuellen Handlung immer dann einzutreten pflegt, wenn der Widerstand des Weibchens beginnt, unzweckmäßig zu werden und die Durchführung des Sexualaktes ernstlich zu gefährden. MANGOLD trennt die Hypnose von den Totstellreflexen, welche mehr dem Schutz des Einzelindividuums dienen. Man wird sich aber daran erinnern müssen, daß die Hypnose zweifellos Beziehungen zum Schlafe in sich schließt, und daß diese Beziehungen kaum durch den Hinweis auf die Sexualität allein erledigt werden können. Außerdem muß es irgendwelche Brücken zwischen Schlaf und Totstellreflexen geben, denn die von ZELL beigebrachten Beispiele, daß Schlaf in der Tierwelt dann eintrete, wenn das Tier durch seine Bewegung Gefahr laufen würde, scheint einen Teil der Probleme doch gut darzustellen. Man wird also zwischen Schlaf auf der einen, Totstellreflexen und Hypnose auf der anderen Seite doch gewisse Beziehungen annehmen dürfen. Freilich bedarf es, um das Analogon der sozialpsychologischen Seite bei den Tierhypnosen zu finden noch eingehender Untersuchungen, welche sich auf das unbeeinflußte Verhalten der Tiere beziehen. FREUD macht in Massenpsychologie und Ichanalyse sicherlich mit Recht darauf aufmerksam, daß bei der Deutung der Hypnose in Betracht zu ziehen sei, daß der Führer nicht mit einem dauernd fortgesetzten Widerstand zu rechnen habe. Auch bei Tieren, welche in Gemeinschaften leben, kann die Überlegenheit des Führers der Herde nur dann nutzbar sein, wenn er seine Autorität nicht stets von neuem beweisen muß. Daß sich in der Tierwelt Über- und Unterordnungsverhältnisse finden, hat SCHJELDERUP-EBBE bei Vögeln gezeigt. Dabei ist die „Einschüchterung“ oft maßgebend. Und ist ein Tier einmal zum „Tyrannen“ der anderen geworden, so bleibt dieser Zustand offenbar ohne wesentliche Anstrengung auch dann bestehen, wenn das Kräfteverhältnis keineswegs zugunsten des Tyrannen spricht. Die Betrachtung der Hypnose der Tiere gibt uns zwar keine endgültige Antwort auf die Frage der menschlichen Hypnose, wirft aber eine Reihe bedeutsamer Probleme auf.

Noch unlängst hat TRÖMNER die Unterschiede zwischen der tierischen Hypnose, die er als Katalepsie bezeichnet, gegenüber der menschlichen Hypnose zusammengestellt. Wir wollen diese Gegenüberstellung deshalb hier wiedergeben und diskutieren, weil wir glauben, in der Polemik gegen den verdienten Forscher unsere eigene Ansicht klarer darstellen zu können.

Katalepsie:	Hypnose:
1. Erzeugung durch Schock.	1. Erzeugung durch Suggestion (Vorstellung).
2. Spontane Lösung nach kurzer Zeit.	2. Nicht spontanes Erwachen, es sei denn aus angeschlossenem Schlaf.
3. Nur motorische Hemmung.	3. Mittelphase zwischen Somnolenz und Amnesie.
4. Vorkommen auch bei Großhirnlosen.	4. Bei verblödeten Menschen wohl Katalepsie, aber keine Hypnose.
5. Bei Wiederholung sich verringernd oder schwindend.	5. Bei Wiederholung tiefer werdend.
6. Schon bei eben erst Geborenen möglich.	6. Hypnose erst von höherer Intelligenzstufe an (v. 5. bis 6. Jahr an).

Zu 1. Auch der Schock geht ja irgendwie mit psychischen Erlebnissen einher. Es gibt auch beim Menschen eine Hypnose durch Überwindung und Schreck. Es ist richtig, daß bei der Gestaltung der menschlichen Hypnose Vorstellungsmäßiges von besonderer Bedeutung sei, doch haben wir immer wieder darauf verwiesen, daß es in der Hypnose eine Reihe von Phänomenen gibt, welche von der Vorstellungstätigkeit unabhängig sind.

Zu 2. Auch Tierhypnosen können längere Zeit hindurch andauern. Aus der menschlichen Hypnose erfolgt grundsätzlich gleichfalls ein Abschütteln der Hypnose, ganz zu schweigen von den leichten Graden menschlicher Hypnose; aber auch aus den tiefen Hypnosen gibt es nach mehr oder minder langer Zeit ein spontanes Erwachen.

Zu 3. Ob die motorische Hemmung bei den Tieren lediglich motorisch sei, und ob sie nicht mit Abänderungen des Psychischen verbunden sei, steht dahin. Daß bei der Hypnose des Menschen gelegentlich nur motorische Hemmungen das Bild beherrschen, haben wir hervorgehoben.

Zu 4. HARTMANN und SCHILDER haben auch, wie noch später zu erwähnen sein wird, bei dementen Paralytikern hypnotische Phänomene erzielt.

Zu 6. Wenn wir auch von einer Hypnose bei ganz Jugendlichen im allgemeinen nicht zu sprechen pflegen, so müssen wir doch hervorheben, daß die Prozeduren, mit welchen etwa der schreiende Säugling beruhigt wird, rhythmisch wiederholtes Streicheln, sanftes Zureden u. dgl. m., die Prozeduren, welche den Säugling zum Schlafen bringen, die gleichen sind, welche wir auch bei der Herbeiführung der Hypnose anzuwenden pflegen. Wir stimmen TRÖMNER vollständig darin bei, daß bei der Verschiedenheit der Hirnorganisation die Hypnose des Menschen und die Hypnose der Tiere notwendigerweise voneinander verschieden sein müssen. Gleichwohl bestehen so wichtige Gemeinsamkeiten, daß wir doch wohl eine grundsätzliche Identität annehmen müssen. Eine Identität, die ja TRÖMNER auch insofern anerkennt, als er die hypnotische Katalepsie und die Katalepsie der Tiere als gleichartig ansieht.

Mit der Besprechung der Katalepsie und der motorischen Erscheinungen der Hypnotisierten wollen wir nun auch unsere Erörterungen über die Physiologie der Hypnose beginnen. Der eine von uns hat bereits darauf verwiesen[1]), daß die kataleptischen Erscheinungen der Hypnose eine grundsätzliche Ähnlichkeit mit jenen Erscheinungen darbietet, welche die Läsion des striopallidären Systems zeigt. Die Katalepsie, welche man bei einzelnen Fällen von Encephalitis epidemica findet (vgl. hierzu GERSTMANN und SCHILDER), weist sehr wesentliche Ähnlichkeiten auf mit der Katalepsie der Hypnotisierten, welche ja

[1]) Das Wesen der Hypnose, Seele und Leben.

im allgemeinen dadurch gekennzeichnet ist, daß die Haltung unter einem möglichst geringen Aufwand von Muskelspannung durchgeführt wird. Der Ausdruck striopallidäres System ist insofern nicht präzis, als wir heute noch nicht abschätzen können, welche Bedeutung hierbei dem striopallidären System als solchem zukommt, welche Bedeutung der Substantia nigra und welche den cerebellaren Systemen. Man wird, wenn man darangeht, das Problem der Katalepsie eingehend zu studieren, nicht vergessen dürfen, daß es sich im wesentlichen um zwei Komponenten der Katalepsie handelt. Einesteils um die Akinese, um den mangelhaften Bewegungsantrieb und Bewegungswillen, und zweitens um die Muskelspannung, welche notwendig ist, die passiv gegebene Haltung aufrechtzuerhalten. Die Lehre von der striopallidären Genese der hypnotischen Katalepsie wird in letzter Zeit auch von LEYSER vertreten.

Daß derartige Betrachtungsweisen von grundsätzlicher Bedeutung für die Lehre vom Muskeltonus und vom striopallidären System sind, hat der eine von uns zum Teil in gemeinsamer Arbeit mit GERSTMANN immer wieder betont. Hier ist einesteils auf die starke Beeinflußbarkeit striopallidärer Motilitätsstörungen durch psychische Momente hinzuweisen, anderesteils auf die Muskelerscheinungen, welche auf rein psychische Einstellungen hin erfolgen. So hat KAUDERS Bilder von psychogen bedingten Motilitätsstörungen beschrieben, welche weitgehend Parkinsonismen entsprachen. Man kann gar nicht eindringlich genug auf diese Fragestellungen verweisen, welche mit den grundlegenden Untersuchungen von C. und O. VOGT und KLEIST ihren Anfang nehmen. Die bedeutungsvollen Fortführungen dieser Gedankengänge durch F. H. LEWY und HOMBURGER versprechen eine reiche Aufklärung bezüglich des motorischen Erlebens und Tuns überhaupt auch beim Gesunden. Immer wieder muß auf die enge Zusammengehörigkeit verwiesen werden, von psychischem Erleben einesteils und dem motorischen Typus und dem motorischen Ausdruck andererseits, welcher im striopallidären System eine Zentralstelle hat.

Aber die Physiologie der Haltungen und der Motilität des Hypnotisierten ist mit den bisher gegebenen Betrachtungen keineswegs erschöpft. GOLDSTEIN und RIESE haben als erste darauf verwiesen, daß die Haltungs- und Stellreflexe von MAGNUS und DE KLEYN auch beim normalen Menschen nachweisbar sind. Es gibt, wie GOLDSTEIN und ZINGERLE betonen, Fälle, in welchen automatische Bewegungsabläufe auf Änderung der Kopfstellung hin erfolgen, welche das Individuum nicht zur Ruhe kommen lassen. HOFF und SCHILDER haben das bestätigen können. Gleichzeitig mit dem Ablauf dieser unwillkürlichen Bewegungen (Automatose, ZINGERLE) treten merkwürdige Veränderungen des Bewußtseinszustandes ein. Es bestehen zwischen diesen Bewegungen und dem Bewußtseinszustand Zusammenhänge, deren Natur noch nicht vollständig geklärt ist. Wir haben anzunehmen, daß es sich um Stellreflexe und um deren Ausgestaltung handle, deren Zentrum im roten Kern gelegen ist, wenigstens beim Tiere. Wir haben nun oben auf die Untersuchungen von SPIEGEL verwiesen, welche zeigen, daß die Hypnose die Stellreflexe unterbindet. Dementsprechend haben wir zu erwarten, daß die Stellreflexe in der menschlichen Hypnose eine Abänderung erfahren. Diese Annahme wird insofern durch die Erfahrung bestätigt, als LEVINGER gezeigt hat, daß in der Hypnose die Stellreflexe tatsächlich in besonderem Maße herabgesetzt sind, eine Angabe, die HOFF und SCHILDER vollkommen bestätigen können. Man mag zur Erklärung dieser Verhältnisse anführen, daß während des hypnotischen Schlafes die Muskelspannung eine sehr geringe ist und zur Hervorrufung der Stellreflexe im allgemeinen ein gewisses Maß von Muskelspannung notwendig erscheint. Man wird aber auf der anderen Seite den akinetischen Faktor in der Hypnose nicht unterschätzen dürfen. Man käme so zu der Auffassung, daß der Bewegungsantrieb in der Hypnose auch in jenen Schichten abgeschaltet sei, welche der Erzeugung der Stellreflexe bzw. der Automatose dienen. Und hier kann wieder darauf verwiesen werden, daß bei dem Großteil akinetischer Encephalitiker Lage- und Stellreflexe gleichfalls herabgesetzt sind oder fehlen. Man sieht also, daß wir mit den uns heute zu Gebote stehenden Mitteln bereits in der Lage sind, gewisse Vorstellungen von der Physiologie der Motilität in der Hypnose zu bilden. Erinnern wir hier daran, daß wir auch die motorischen Reizerscheinungen, die wir in der Hypnose sehen, das hysteriforme Zusammenzucken, ja die gelegentlichen hysterischen Anfälle am besten wohl auch verstehen können, wenn wir die Enthemmung primitiverer Motilität ins Auge fassen. Daß auch sog. psychogene Motilitätsstörungen hirnphysiologisch erfaßt werden können, ist ein Gedankengang, der auf MEYNERT zurückgeht, der aber erst durch Untersuchungen von LIEPMANN, KLEIST, C. und O. VOGT, GERSTMANN und SCHILDER, LEYSER eine präzisere Fassung erhalten hat.

Wir haben es bereits oben abgelehnt, uns in Einzelheiten der Frage zu vertiefen, wie denn die primitive Motilität in die höher entwickelte eingebaut sei und mit ihr zusammenarbeite. Auch muß auf das Problem verwiesen werden, daß die primitive Motilität zum vasovegetativen System Beziehung hat. Wir verweisen auf F. H. LEWY. Wir halten jedenfalls daran fest, daß für die motorischen Erscheinungen der Hypnose die Funktion relativ primitiv gebauter motorischer Apparate von Belang ist, welche im Mittel-Zwischen- und Endhirn gelegen sind.

Von der Beeinflussung des Schlafzentrums haben wir bereits gesprochen. Daß dieses in der Umgebung des III. Ventrikels gelegen ist, ist, wie erwähnt, gesichert. Aber die Umgebung des III. Ventrikels ist auch jene Stelle, welche die Zentralstelle des Vasovegetativen überhaupt darstellt. Hier liegen Zentren für die Wärmeregulation, für Blase, Speichel, Atmung, Sexualität, Stoffwechsel, Drüsen mit innerer Sekretion. Bezüglich der Daten im einzelnen sei auf das jüngst in der Med. Kl. erschienene Referat von MÜLLER und GREVING verwiesen. MÜLLER und GREVING betonen, daß vom Sehhügel aus die Erregungen der sensiblen Neurone auf das vegetative System überspringen, durch den Schmerz weiten sich die Pupillen, es kommt zur Absonderung des Speichels und Schweißes. Die Erregung wird also auf das Zwischenhirn übergeleitet. Wir folgen nunmehr wörtlich den Ausführungen dieser Autoren: „So wissen wir, daß KARPLUS und KREIDL durch Reizung der subthalamischen Gegend eine Vortreibung des Bulbus, Erweiterung der Pupillen und Lidspalten, vermehrte Tränen-, Speichel- und Schweißsekretion erzielten. ASCHNER und LESCHKE verursachten durch Einstich in den Boden des III. Ventrikels bei Schonung der Hypophyse Polyurie mit unbezwinglichem Durst (Diabetes insipidus) und vorübergehende Glykosurie. JAKOBY und ROEMER konnten durch Einbringung von Carbolsäure oder von Quecksilber in das Infundibulum Steigerung der Körperwärme auslösen. ISENSCHMIDT und KREHL schalteten durch einen Frontalschnitt hinter dem Sehhügel die Regelung der Körperwärme aus. ERDHEIM sah nach Erkrankungen des Infundibulums bei völlig intakter Hypophyse Atrophie des Geschlechtsapparates mit Herabsetzung der Geschlechtslust und Geschlechtskraft, Aufhören der monatlichen Blutung und Rückbildung der sekundären Geschlechtsmerkmale zugleich mit einer merkwürdigen Zunahme des Fettpolsters des ganzen Körpers (Dystrophia adiposogenitalis). Bei manchen Erkrankungen der Wandungen des III. Ventrikels kommt es aber nur zu Störungen des Geschlechtsapparates oder nur zu Fettsucht. Manche Gründe sprechen dafür, daß in den Corpora mamillaria das übergeordnete Zentrum für die Geschlechts- und Fortpflanzungstätigkeit zu suchen ist ... Daß in den Wandungen des III. Ventrikels eine Stelle ist, welche die Stoffwechselvorgänge des Körpers regelt, mag nicht nur aus dem Entstehen der Fettsucht bei Verletzungen und Narbenbildungen im Infundibulum, sondern auch aus den erhöhten Verbrennungsprozessen beim Fieber, das vom Wärmezentrum aus angeregt wird und aus den schweren Zuständen der Abmagerung, wie sie bei manchen Fällen von chronischem Hydrocephalus des III. Ventrikels, insbesondere im Anschluß an die Meningitis cerebrospinalis epidemica auftreten, geschlossen werden. Bei Vergrößerungen der ebenfalls zum Zwischenhirn gehörenden Epiphyse kommt es nicht nur zu krankhaft frühzeitiger Entwicklung der Geschlechtsorgane und der Geschlechtslust, sondern — wohl durch Reizung der Ventrikelwand — auch zu abnormer Eßlust, zur Polyphagie. So sehen wir, daß nicht nur Durst, sondern auch Hunger von den

Lebenszentren im zentralen Höhlengrau ausgelöst werden kann. In das unter dem Sehhügel gelegene Corpus hypothalamicum, in das Corpus Luysii wird von manchen Forschern das vasomotorische Zentrum verlegt. Von dieser Gegend sollen auch nach einzelnen Autoren (LIECHTENSTERN) die subcorticalen Anregungen zur Blaseninnervation erfolgen. Medial vom Globus pallidus müssen auch die Innervationszentren für die Talgdrüsen zu suchen sein ..." Auch der Bericht von DRESEL und das Buch von F. H. LEWY ist eingehend zu berücksichtigen, dort findet man auch die grundsätzlich wichtige Frage erörtert, ob sich der vegetative Apparat in verschiedenen Stufen aufbaue. DRESEL und F. H. LEWY nehmen an, daß über die vegetativen Zentren in der Medulla oblongata eine Staffel geschichtet sei, welche in der Umgebung des III. Ventrikels im Nucleus periventricularis und in den Zentren des Zwischenhirnbogens zu suchen sei. Im striopallidären System gelegene Zentren besorgten dann die feinen Einstellungen. Die Autoren führen diesen Gedankengang bezüglich der Zucker- und der Wärmeregulation im einzelnen durch. So haben sie bei Diabetes mellitus eine Stelle des Pallidums für die Störung der Zuckerregulation verantwortlich gemacht, eine Angabe, die allerdings von BIELSCHOWSKY bestritten wird. Wie immer man diese Dinge im einzelnen beurteilen möge, daß eine Staffelung vasovegetativer Apparate existiert, ist fraglos. Man kann auch mit Sicherheit annehmen, daß im Zwischenhirn Apparate gelegen sind, welche die Produktion der Inkrete regeln, die aber anderenteils auch von den Inkreten beeinflußt werden. Von besonderer Bedeutung erscheint in diesem Zusammenhang die Frage nach den Zentren für die Sexualität. Es ist gegenwärtig sichergestellt, daß für die Entstehung der Dystrophia adiposogenitalis Zentren am Boden des Zwischenhirns von wesentlicher Bedeutung sind. Es ist wahrscheinlich, daß die Hypophyse und das Zwischenhirn hier mit hineinspielen. Bezüglich der Einzelheiten sei auf die Lehrbücher der inneren Sekretion von BIEDL und WEIL verwiesen. Auch bezüglich des Diabetes insipidus haben wahrscheinlich ähnliche Erwägungen zu gelten. Es sind der Hypophysenhinterlappen und die vegetativen Zentren am Boden des Zwischenhirns, die hier in Betracht kommen. Man kann also sagen, daß die vegetativen Funktionen im Zwischenhirn eine Zentralstelle haben, und daß von dieser Zentralstelle aus das vegetative Leben dirigiert wird. Diese Zentralstelle ist übergeordnet über eine primitivere, welche in der Medulla oblongata gelegen ist, sie steht aber wahrscheinlich auch noch mit höheren Staffeln in Verbindung. Es ist gar keine Frage, daß die Funktion der Großhirnrinde von diesen Stellen aus weitgehend beeinflußbar sein muß, worauf insbesondere REICHHARDT immer wieder verwiesen hat. Jedes Erleben psychischer Art, das an die Großhirnrinde gebunden ist, geht aber irgendwie auch mit der Funktion des vegetativen Systems einher. Dieses schwingt mit der Funktion des Cortex mit. Wir haben nun allen Grund, anzunehmen, daß das vasovegetative System einen größeren Grad von Plastizität bewahrt hat als die corticale Funktion. Seine Funktion erscheint in geringeren Graden differenziert zu sein. KRAUS spricht von einer vegetativen Tiefenpersönlichkeit. Wir dürfen allerdings dabei nicht vergessen, daß diese vegetative Tiefenpersönlichkeit kein Begriff ist, der psychologisch eindeutig ist. In jede corticale Funktion, in jedes psychische Geschehen müssen die Vorgänge des Vasovegetativen eingreifen. Freilich scheinen die Affekte in besonderer Weise an das Zwischenhirn gebunden zu sein, und jedes primitivere Erleben scheint mit einer stärkeren Resonanz der vasovegetativen Apparate verbunden zu sein. Darauf verweisen ja bereits die Untersuchungen über den sog. körperlichen Ausdruck der Gefühle, ein Terminus, den man zweckmäßigerweise zu ersetzen hätte durch den Ausdruck der körperlichen Wirkung der Affekte. Denn wesentlich ist immer neben dem Gefühlsmäßigen das Vorstellungsmäßige, Bildhafte, Gedankenmäßige, an welchem das Gefühl haftet, und man kann die Ergebnisse PAWLOWS und HEYERS, welche zeigen, daß die Art des gezeigten Gegenstandes für die Magensaftsekretion maßgebend ist, nicht verstehen, wenn man lediglich von einer Gefühlswirkung spricht. (Vgl. hierzu übrigens auch die Ausführungen SCHILDERS in dem Buche von SCHWARZ.) Wir können allerdings sagen, daß im allgemeinen mit dem Zurücktreten der corticalen Funktion und mit dem Primitiverwerden derselben die vasovegetativen Erscheinungen an Ausgiebigkeit zunehmen. Überall dort, wo die affektiven Mechanismen stärker hervortreten, zeigt die corticale Funktion primitivere Züge. Verschiebungen, Verdichtungen, mangelhafte Differenzierung von Einzelheiten treten hervor, und Denkformen, wie sie uns vom Primitiven und vom Kind her bekannt sind, treten auf. Wir können abkürzend sagen, daß die ausgebildete corticale Funktion mit klar umschriebenen, zweckmäßiges Handeln ermöglichenden Bildern verbunden ist, daß diese corticale Funktion dann auf eine primitive Stufe absinkt, wenn gleichzeitig das Vasovegetative stärker in Erscheinung tritt. Wir können nun von der durch die Psychoanalyse sichergestellten Erfahrung ausgehen, daß das durch Verdichtungen, Verschiebungen, Symbolbildungen gekennzeichnete Denken einer ontogenetisch und phylogenetisch früheren Entwicklungsstufe entspricht. Wir müssen ferner uns darüber klar sein, daß die Affektivität, die Triebhaftigkeit, zu dem unveränderlichen Besitz alles Lebendigen gehört, welches, als entwicklungsgeschichtlich tief verankert, in tieferen Hirnpartien seinen Sitz hat. Die Hypnose wendet sich aber nach allem, was wir wissen, an primitive Triebschichten. Die Haltung des Suggerierten kennzeichnet sich ja in ihrer zielgehemmten masochistischen, die Autorität in magischer Weise anerkennenden Form als ein archaisches und primitives Erleben. Wir werden uns nicht wundern dürfen, daß sie als solche zu dem phylogenetisch tief verankerten vasovegetativen System besonders enge Beziehungen hat. Die Wirkungen der Hypnose liegen vorwiegend im vasovegetativen Bereich. Man sieht so, daß sich die Resultate der psychologischen Analyse auf das engste berühren mit den Resultaten der physiologischen Analyse, beide weisen darauf hin, daß wir in der Hypnose ein primitives archaisches, regressives Phänomen zu sehen haben.

Wir stehen also durchaus auf dem Boden der Anschauung, daß die Phänomene der Hypnose aus der Psychologie und Psychophysiologie des Hypnotisierten zu verstehen seien. ALRUTZ glaubte zeigen zu können, daß vom Hypnotiseur eine Strahlung ausgehe, welche unmittelbar physisch auf den Hypnotisierten wirke. Wir selbst haben keine Phänomene beobachtet, welche einen derartigen Schluß rechtfertigen würden.

XI. Technik der Hypnose.

Bevor wir eine Schilderung der Technik der Hypnose geben, müssen wir grundsätzlich folgendes hervorheben. Man muß sich darüber klar sein, ob man die Hypnose zu therapeutischen Zwecken verwenden will, oder ob es sich lediglich um Experimente handelt. Ziele und Zwecke der therapeutischen Hypnose sind natürlich völlig verschieden von denen der experimentellen Hypnose. Die oberflächliche Hypnose, die therapeutisch so wichtig ist, bietet vom Standpunkt des Experimentators nur ein relativ geringfügiges Interesse. Während der Therapeut in einer großen Reihe von Fällen gar keine Anstrengungen machen wird, die Hypnose zu vertiefen, hat der Experimentator allen Grund, die Tiefhypnose anzustreben. Er wird also alle jene Mittel anwenden müssen, welche die Hypnose zu vertiefen geeignet sind. Die therapeutische Hypnose kann natürlich, sei es nun von vornherein, sei es erst auf verstärkte Anstrengung hin, eine tiefe sein. Man kann es gar nicht genug betonen, daß der therapeutische Zweck einer Hypnose durch jeden Versuch, der nicht dem Heilbestreben gilt, gefährdet werden kann. Man soll also therapeutische Tiefhypnosen nicht zu hypnotischen Experimenten verwenden, welche von dem Patienten stets irgendwie als Experimente erkannt und innerlich gewertet werden und ihn in eine Stellung zum Hypnotiseur bringen, welche dem therapeutischen Zweck nicht günstig ist. Man muß sich ja immer wieder gegenwärtig halten, daß man für alles, was in der Hypnose geschieht, dem Hypnotisierten verantwortlich bleibt, und daß die Deckung durch die Amnesie niemals eine vollständige ist. Wir gehen in der nachfolgenden Darstellung zunächst nur der Technik der therapeutischen Hypnose nach und werden erst, nachdem wir ein Bild der therapeutischen Hypnose gewonnen haben, die experimentelle Hypnose in den Kreis unserer Betrachtung einbeziehen.

Wir selbst verwenden als technisches Normalverfahren folgendes: Der Patient liegt in möglichst bequemer Stellung und wird zunächst über das Wesen und Bedeutung der Hypnose in kurzen Worten aufgeklärt. Wir pflegen ihm etwa folgendes zu sagen: „Dadurch, daß Sie sich den Worten des Hypnotiseurs ruhig hingeben und sich bemühen, keinen inneren Widerstand zu leisten, werden Sie in einen Zustand der inneren Ruhe kommen, der vielleicht zu einem schlafähnlichen Zustand, vielleicht sogar zum Schlaf selbst führen wird. In einem solchen Zustand wirkt das stärker auf Sie ein, was ich zu Ihnen spreche. Sie werden empfänglicher für meine Worte." Diese Formel zur Aufklärung des Patienten verwenden wir im allgemeinen immer dann, wenn uns die Erzielung einer Tiefhypnose nicht unbedingt erforderlich erscheint. Erscheint uns diese als notwendig, so versichern wir dem Patienten auf das bestimmteste, daß er sicherlich tief schlafen würde. Eine Reihe von Patienten äußert vor der Hypnose Angst. Es ist wichtig, mit den Patienten über die Ursachen der Angst zu sprechen. Die Patienten scheuen die Möglichkeit, dem Hypnotiseur unter Umständen bedingungslos unterworfen zu sein. Man kann sie hierüber auf Grund dessen, was oben gesagt wurde, leicht beruhigen. In einer Reihe von Fällen spielt die Vergewaltigungsangst (Wunsch!) hinein, welche auch durch die Gegenwart dritter Personen nicht beschwichtigt wird. Einige aufklärende Worte genügen meist. Man kann durch diese Vorbesprechungen den Patienten meist in einen Gemütszustand bringen, der ihn der Hypnose zugänglicher macht. Wir lassen im allgemeinen einen Schlüssel oder einen glänzenden Gegenstand fixieren, treten hinter den Patienten und beginnen dem Patienten unter gleichmäßigem leichten Streichen über die Stirne etwa folgendes zu sagen: „Die Augenlider werden immer schwerer und schwerer, Sie werden müde, matt und schläfriger. Sie haben das Gefühl der Schwere in den Gliedern. Die Müdigkeit wird immer größer Sie haben das Gefühl wie vor dem Einschlafen, es verschwimmt alles vor ihren Augen, Sie können die Augen nicht mehr offen halten, Sie sind in einem Zustand der vollkommenen, tiefen Ruhe, Sie atmen ganz ruhig, tief und gleichmäßig, Sie haben das Gefühl wie vor dem Einschlafen." Diese oder eine ähnliche Formel wiederholen wir durch mehrere Minuten (2—4) immer wieder. Fallen dann dem Patienten die Augen nicht von selbst zu, so drücken wir mit sanftem Druck die Lider abwärts und sagen wohl auch im Befehlston: „Sie schließen die Augen und halten die Augen geschlossen." Es ist ein Fehler, den Patienten allzulange fixieren zu lassen. Hat der Patient die Augen von selbst oder auf unseren mehr oder minder ausdrücklichen Befehl hin geschlossen, so setzen wir die Striche über die Stirn und die Wiederholung der Formel in gleichmäßig eindringlichem, nicht allzu lautem Tone fort und fügen, wenn wir den Eindruck haben, daß die notwendige Hypnosetiefe erreicht ist, die entsprechende Suggestion hinzu. Es ist auf jeden Fall unzweckmäßig, bei den ersten Sitzungen dem Patienten irgendeine Suggestion zu geben, welche zu einem negativen Resultat führen kann. Man wird sich im allgemeinen damit begnügen, dem Hypnotisierten unter leichten Strichen über den Arm eine Wärmeempfindung im Arm zu suggerieren. Man kann, wenn man den Eindruck hat, daß es sich um eine tiefe Hypnose handle, auch unvermittelt eine Zahl aussprechen. (Die Patienten können unter Umständen nach dem Erwachen erst durch den Hinweis auf die Zahl davon überzeugt werden, daß sie wirklich in Tiefhypnose waren.) Dann fügt man jene Suggestion an, welche dem therapeutischen Zwecke dient. Man soll diese Suggestion, wie wir später noch eingehend auseinandersetzen werden, möglichst sorgfältig formulieren und einige Male wiederholen. Das Wecken aus der Hypnose soll niemals plötzlich erfolgen, sondern langsam und schonend. Man sagt dem Patienten: „Sie werden allmählich aus der Hypnose erwachen. Sie werden sich nach dem Erwachen aus der Hypnose vollständig frisch und munter fühlen. Sie werden weder Schwindel noch Kopfschmerzen haben.“ Auch diese Suggestion wird zweckmäßigerweise mehrere Male wiederholt. Schließlich sagt man dem Patienten: „Ich werde bis drei zählen, Sie werden, wenn ich bis drei gezählt habe, erwachen.“ Man zählt dann langsam bis drei.

Haben wir so die Hypnose abgeschlossen, so fragen wir nun den Patienten sofort, was er während der Hypnose erlebt und gespürt habe. Hat es sich um eine oberflächliche Hypnose gehandelt, so wird der Patient meistens versichern, er habe alles gehört, habe nicht geschlafen und habe sich nur etwas müde gefühlt, habe vielleicht auch ein Gefühl der Schwere in den Gliedern gehabt. Meist wird auch, selbst bei sonst sehr oberflächlichen Hypnosen, angegeben, die Empfindung der Wärme sei erlebt worden. Die Zahl wird erinnert, wenn die Hypnose oberflächlich war.

Häufig ist der Patient von einer derartig oberflächlichen Hypnose enttäuscht und versichert ausdrücklich, er habe alles gehört, sei durch dieses oder jedes Geräusch noch besonders gestört worden, habe seine Gedanken nicht unterdrücken können u. dgl. m. Es ist besonders wichtig, daß man in Fällen, für die eine tiefe Hypnose nicht notwendig ist, dem Patienten mit ruhiger Bestimmtheit versichere, daß für den angestrebten Zweck die erreichte Hypnosetiefe ausreichend sei, daß jedoch möglicherweise bei den folgenden Hypnosen ein tieferer Grad der Hypnose erzielt werden könnte.

Manche Patienten erreichen nicht einmal die hier beschriebene Hypnosetiefe. Sie zeigen aber nach dem Aufstehen vom Sofa Schwindel, Kopfschmerzen, taumeln etwas, spüren dann ein Gefühl der Müdigkeit und Schwere u. dgl. m. Man kann auf Grund solcher an sich unerwünschter Nebenerscheinungen dem Patienten häufig klarmachen, daß der Zustand doch für eine gewisse Beeinflussung durch die Hypnose spreche.

Im allgemeinen pflegen wir den äußeren Umständen keine allzu große Bedeutung zuzumessen. Weder eine peinliche Ausschaltung akustischer Eindrücke, noch Abdunkelung des Raumes ist im allgemeinen notwendig. Gröbere Reize pflegen wir allerdings fernzuhalten. Doch muß man den zu hypnotisierenden Personen immer wieder klarmachen, daß das Wesentliche ihre eigene Einstellung sei.

In der Regel findet auch ohne Zuhilfenahme besonderer Hilfsmittel bis zur dritten und vierten Hypnose eine Vertiefung des hypnotischen Zustandes statt.

Von den kleineren Hilfsmitteln zur Vertiefung der Hypnose erwähnen wir: Man kann dem Patienten den Befehl geben, das Blinzeln möglichst zu unterdrücken. Es scheint, daß die okuläre Ermüdbarkeit hierdurch gefördert wird (Federn), wir wissen ja übrigens, daß auch der Schlaf vom Auge her seinen Ausgangspunkt nimmt, und daß Mauthner ja auf Grund der Beachtung dieses Umstandes zu richtigen Vorstellungen über die Lokalisation des Schlafzentrums gelangt ist.

Zeitliche Ausdehnung der hypnotischen Prozeduren ist häufig von Erfolg begleitet. Besonders empfehlenswert ist die fraktionierte Methode von O. Vogt. Nachdem die erste Hypnoseprozedur vorüber ist und der Patient gewisse Sensationen in der Hypnose erlebt hat, werden die erlebten Sensationen als Hilfsmittel für die weiteren Suggestionen verwertet, und eine mehr oder minder große Reihe von Einzelhypnosen wird in derselben Sitzung durchgeführt. Man gelangt dann innerhalb einer Sitzung oft zu recht erheblichen Hypnosetiefen, die sonst nicht ohne weiteres erreicht worden wären.

Gelegentlich gelingt es, von der Katalepsie aus die Hypnose zu verstärken. Es gehört zu den wenigen, nicht durch den therapeutischen Zweck unmittelbar gebotenen Eingriffen, die während der Hypnose zulässig sind, den Arm des Patienten zu erheben. Bei tiefen Hypnosen bleibt der Arm entweder kataleptisch oder sinkt vollständig schlaff ab. Man kann durch unmittelbaren Befehl den Patienten zur Beibehaltung einer unbequemen Haltung zwingen, was nicht selten auf die Hypnose verstärkend wirkt.

Bei der Leichtigkeit, mit der im allgemeinen muskuläre Suggestionen befolgt werden, kann gelegentlich der Versuch gemacht werden, während der Hypnose die Hand des Patienten zu seinem Kopfe zu führen und ihm nun bestimmt zu versichern, daß er die Hand vom Kopfe nicht wegbringen werde. Ein derartiges Verfahren ist aber ebenso wie die Suggestion: „Sie werden die Augen nicht mehr öffnen können", nur zweckmäßig, wenn die Vertiefung der Hypnose aus therapeutischen Gründen unbedingt erforderlich ist, denn man setzt sich der Gefahr aus, daß der Patient erst recht die Bewegung durchführt, welche ihm als unmöglich dargestellt wurde. So schlagen manche Patienten, wenn man ihnen sagt, sie können die Augen nicht mehr öffnen, die Augen groß zum Hypnotisierenden auf, was der ganzen Situation entschieden nicht sehr zuträglich ist.

In manchen Fällen ist Ausdehnung der Striche über die Arme und über den ganzen Körper von einem gewissen Vorteil, doch sind wir mit der Verwendung dieses Mittels außerordentlich zurückhaltend, weil wir alles, was die zielgehemmte Sexualität in der Hypnose zu einer zielbewußten machen könnte, im allgemeinen vermeiden. Nicht aus Gründen der Prüderie, sondern weil die Entfesselung der Sexualität in der Hypnose therapeutisch keineswegs wünschenswert ist und die Gefahr mit sich bringt, daß der therapeutische Rapport von manifesten Liebesbeweisen des Hypnotiseurs abhängig werde. Einer der Gründe, weshalb wir die Faszinationsmethode, das Hypnotisieren mittels des Blickes, nicht empfehlen können, liegt darin, daß durch die Augen-Augenhypnose das erotische Moment der Hypnose allzusehr verstärkt wird. Hierzu übrigens noch eine kurze theoretische Bemerkung. Für das naive Bewußtsein ist die Erotik des Blickes wesentlicher Bestandteil der Hypnose. Wir pflegen, wie erwähnt, die Faszinationsmethode nicht zu verwerten. Gleichwohl gab eine unserer Patientinnen an, sie habe einige Zeit nach der Hypnose die „schwarzen" Augen des Hypnotiseurs gegen ihren Willen immer wieder vor sich gesehen.

Eines der wesentlichsten Mittel zur Herbeiführung der Tiefhypnose ist darin gegeben, daß den Patienten andere hypnotisierbare Personen vorhypnotisiert werden. Daß die Hypnose in diesem Sinne ein Phänomen ist, welches mit Nachahmung, Identifizierung, sozialer Gemeinschaft innig verbunden ist, kommt hier zu klarem Ausdruck. Man erzielt besonders gute Resultate in bezug auf die Herbeiführung der Tiefhypnose, wenn man die Patienten serienweise hypnotisiert, und zwar so, daß unter einer Gruppe einige gute Medien eingestreut sind. Die Resultate, die WETTERSTRAND in bezug auf Tiefhypnose erhalten hat, erklären sich daraus, daß er diese Methode der Serien verwendet hat.

Eine sehr bedeutsame Erleichterung in bezug auf die Erzielung von Tiefhypnosen stellt die Schlafmittelhypnose dar, über die wir später im Zusammenhang berichten werden.

Aus unserer ärztlichen Einstellung heraus vermeiden wir es grundsätzlich, Überrumpelungshypnosen zu machen und den Patienten durch Anschreien, Schreck u. dgl. m. in die Hypnose hineinzutreiben. Auch in der Hypnose selbst wählen wir nicht das harte, strenge, brutalisierende Verfahren, sondern den Weg des bestimmten, aber milden Zuredens. Freilich wird man hier nicht schematisieren dürfen. Während der Einleitung der Hypnose wird man das Lachen des Patienten unter Umständen durch energisches Zufahren, Anschreien u. dgl. m. bewältigen müssen. Gewinnt man während der Tiefhypnose den Eindruck, daß der Patient im Begriffe ist, sich vom Hypnotiseur loszulösen, so wird energisches Zufassen, eventuell sofortiges Wecken aus der Hypnose unbedingt erforderlich. Und hiermit kommen wir zu dem wichtigen therapeutischen Problem: der Handhabung der Tiefhypnose.

Während nämlich bei der oberflächlichen Hypnose die sorgfältige Formulierung der Suggestion und ihr mehrfaches Wiederholen ausreichend zu sein pflegt, haben wir in der Tiefhypnose zunächst mit der Möglichkeit zu rechnen, daß die Suggestion nur unvollkommen verstanden werde, denn, wie oben erwähnt, handelt es sich ja bei der Tiefhypnose zum Teil wenigstens um eine traumhafte Veränderung des Bewußtseins. Man schützt sich gegen diese Möglichkeit am besten so, daß man den Patienten den Inhalt der Suggestion selbst wiederholen läßt. Handelt es sich um amnesierende Patienten, so darf man sich grundsätzlich nicht mit dem einfachen Vorsprechen der Suggestionsformel begnügen. Man läuft sonst Gefahr, daß der Patient überhaupt nicht beachtet hat, was man zu ihm gesprochen hat. Daß aus Tiefhypnosen heraus die Patienten häufig den Versuch machen, den Kontakt mit dem Hypnotiseur zu lösen und ihre eigenen Komplexe auszuleben, haben wir bereits öfters erwähnt. Gegen derartiges schützt man sich am besten so, daß man die erste hypnotische Sitzung, wenn es sich allem Anschein nach um Tiefhypnose handelt, nicht zu lange ausdehnt. Jedes Experimentieren, das über den unmittelbaren ärztlichen Zweck der Hypnose hinausgeht, erhöht die Gefahr der hysteriformen Loslösung des Hypnotisierten vom Hypnotiseur. Manche Personen verfallen sofort bei den ersten Hypnoseprozeduren in einen Zustand, welcher zur Loslösung vom Hypnotiseur drängt. Sie halluzinieren etwa, ohne daß der Hypnotiseur von ihnen die entsprechende Halluzination verlangt hat, achten nur wenig auf die Worte des Hypnotiseurs u. dgl. m. Bei derartigem Verhalten des Patienten soll der Hypnotiseur durch energisches Anschreien die Führung an sich reißen und, wenn das nicht sogleich gelingt, den Patienten sofort wecken. Die folgenden Hypnosen, die womöglich nicht am gleichen Tage vorzunehmen sind, gestaltet man dann möglichst kurz und erzielt dann in der Regel, daß sich der Patient willig den Anforderungen des Hypnotiseurs in der Hypnose fügt. Man kann, wenn man auf derartiges achtet, die Entstehung hysterischer Ausnahmszustände verhüten, welche an sich den Verlauf einer Behandlung nicht wesentlich stören würden, die aber dem Arzte in der Sprechstunde schwere Verlegenheit bereiten würden. Die mildeste Form der Loslösung ist es ja, wenn der Patient in der Hypnose den Rapport mit dem Hypnotiseur einfach abbricht und weiterschläft, ohne sich um die Weckversuche des

Hypnotiseurs zu kümmern. Auch derartige Vorkommnisse werden nicht auftreten, wenn man rechtzeitig darauf achtet, ob man mit dem Patienten in Kontakt steht, und die Hypnose sofort unterbricht, wenn die Wiederherstellung des Kontaktes nicht möglich ist. Ist der Schlafzustand schon da, so führt energisches Rütteln sehr häufig noch zum Erwachen des Patienten. Im Rahmen der Krankenanstalt ist es natürlich ohne weiteres möglich, den Patienten ruhig weiterschlafen zu lassen, irgendwelche Nachteile für den Patienten und für die Behandlung sind aus einem solchen Schlaf nicht zu erwarten. Im Rahmen der Sprechstunde und der hausärztlichen Behandlung wird man natürlich alles tun müssen, um das Auftreten derartiger Schlafzustände zu vermeiden. Wie erwähnt, ist es irrig, zu glauben, daß die Tiefe der Hypnose allein den therapeutischen Erfolg und das Haften der Suggestion verbürge. Die Sorgfalt in der Formulierung der Suggestion darf nicht vermindert werden, wenn es sich auch um einen tiefhypnotisierten Patienten handelt. Angaben, welche der Tiefhypnotisierte macht, handle es sich nun um die Aufhellung einer Amnesie schlechthin oder um eine kathartische Hypnose, sind nicht ohne weiteres glaubwürdig. Die Richtigkeit solcher Angaben wird nicht durch die Hypnose allein, sondern durch den gesamten Sachzusammenhang erwiesen. Bei dem Wecken aus Tiefhypnosen ist besondere Vorsicht notwendig. Selbst unter Anwendung größter Vorsichtsmaßregeln (langsame Vorbereitung des Erweckens, Suggestion gegen Kopfschmerzen und ähnliche Nachwirkungen) sind unangenehme Folgeerscheinungen wie Schwindel, Taumel, Benommenheit nicht selten. Man kann versuchen, diese durch suggestives Streichen über die Stirne zum Verschwinden zu bringen. Gelegentlich ist auch eine kurze Nachhypnose, welche sich ausschließlich gegen die posthypnotischen Beschwerden richtet, von Vorteil. Man kann übrigens im allgemeinen sagen, daß Nachwirkungen stärker zu sein pflegen, wenn in der Hypnose viel experimentiert wurde und die Hypnose lang ausgedehnt wurde. Auch hierin liegt die ernsthafte Mahnung, die ersten Tiefhypnosen nicht zu lange auszudehnen. Es ist ein Kunstfehler, einen auch scheinbar ruhig schlafenden Tiefhypnotisierten unbeobachtet zu lassen. Somnambule Handlungen können auch aus dem anscheinend ruhigen Schlafe des Hypnotisierten heraus erfolgen. Ist der Tiefschlaf abgebrochen, so empfiehlt es sich, den Patienten nicht sofort aus der Beobachtung zu entlassen, sondern ihn noch durch einige Zeit in der Nähe des Arztes zu belassen. Schwindel, Ohnmachtsanfälle können gelegentlich unvermutet erfolgen. Im ganzen muß man sich darüber klar sein, daß eine Tiefhypnose keinen gleichgültigen Eingriff darstellt, denn die Tiefhypnose wendet sich an tiefliegende Seelenschichten des Menschen, die, einmal entfesselt, nicht immer leicht zu bändigen sind.

Daraus ergeben sich sofort einige Schlußfolgerungen bezüglich der experimentellen Hypnose. Sie verspricht natürlich nur dann reichere Ausbeute, wenn es sich um tiefhypnotisierte Personen handelt. Tiefhypnose muß also mit allen denkbaren technischen Mitteln angestrebt werden. Personen, die man nicht genau kennt, wird man wohl kaum zu derartigen Versuchen heranziehen können. Die Person, mit der man Tiefhypnose vornehmen will, darauf hinzuweisen, daß es sich um keinen ganz gleichgültigen Eingriff handelt, ist wohl selbstverständliches Gebot. Nur ernstes wissenschaftliches Interesse bei entsprechender Vorbildung und entsprechender Eignung zu wissenschaftlich ergiebiger Forschung vermag die Herbeiführung experimenteller Hypnosen zu entschuldigen, obwohl es rechtlich fraglich erscheint, ob selbst bei Einwilligung des zu Hypnotisierenden die experimentelle Hypnose zulässig ist. Ausreichende rechtliche Rechtfertigung der Hypnose ist letzten Endes doch nur der therapeutische Zweck der Hypnose.

Doch wollen wir uns nun, bevor wir die Gefahren der Hypnose noch eingehender betrachten, dem stärksten Mittel zuwenden, das uns zu der Herbeiführung der Tiefhypnose bei sonst refraktären Personen dient, der Schlafmittelhypnose. Das Verfahren als solches ist von den älteren Hypnotiseuren wiederholt verwendet worden. Von den neueren haben es KAUFFMANN, HALLAUER häufiger verwertet.

Gelegentlich ist eine Hypnose bei dem gleichen Individuum tiefer, wenn die Hypnose zur Zeit des Nachmittags- oder Abendschlafes durchgeführt wird. Wir haben ja auch sonst immer wieder auf die Beziehung der Hypnose zum Schlaf verwiesen und darauf aufmerksam gemacht, daß gute Schläfer im allgemeinen leichter hypnotisierbar sind. Bei guten Schläfern kann man ferner die Methode anwenden, daß man an ihr Bett herantritt, während sie schlafen, und leise mit ihnen zu sprechen beginnt. Sehr häufig gelingt es dann, mit dem Schläfer in einen Kontakt zu treten, während der Schlaf andauert. Dieser Rapport entspricht vollständig dem Rapport beim Hypnotisierten. Diese Erfahrungen legen es nahe, daß auch künstlich erzeugter Schlaf zur Hypnose übergeleitet werden könne. Die früheren Hypnotiseure haben sich hierzu zunächst des Chloroforms bedient, und HALLAUER bedient sich auch heute noch dieses Mittels. HALLAUER pflegt seinen Patientinnen (er ist Frauenarzt) nicht zu sagen, daß er sie hypnotisieren wolle. Er verspricht ihnen vielmehr Narkosen und erzielt so Hypnose häufig schon nur durch das Auflegen der Maske allein oder aber durch mehr oder minder große Mengen von Chloroform. Er sieht es als einen besonderen Vorzug seines Verfahrens an, daß die Patienten nichts davon wissen, daß es sich um Suggestion und Hypnose handle, sondern glauben narkotisiert worden zu sein. Wir halten es nicht für einen Vorzug, wenn der Patient nicht weiß, was mit ihm geschieht. Mit guten Gründen versucht die moderne

Psychotherapie den Patienten gegenüber jegliche Unaufrichtigkeit zu unterlassen und sie hat so die Beziehungen des Psychotherapeuten zu seinem Objekte würdiger gestaltet. Es mag Fälle und Situationen geben, in welchen es nicht möglich ist, an dem Prinzip der Aufrichtigkeit des Psychotherapeuten festzuhalten, den Grundsatz als solchen sollte man nicht opfern. Nun ist es ja nicht wesentlicher Bestandteil des HALLAUERschen Verfahrens der Hypnonarkose, daß man dem Patienten verschweige, daß er hypnotisiert werde, und das Verfahren als solches bleibt ja zweifellos wertvoll, wenn auch die Frage aufgeworfen werden muß, ob nicht das Chloroform als stark wirkendes Mittel, das gelegentlich auch in ganz geringer Dosierung bei vorhandener Chloroformidiosynkrasie schwere Schädigungen bis zum plötzlichen Exitus setzen kann, nicht vielleicht zweckmäßigerweise durch ein anderes Mittel ersetzt werden könnte. Ein ähnliches Bedenken haben wir gegen die Verwendung des Scopolamins, das KAUSCH bei kräftigen Männern sogar in Dosen von 0,0015 g unter Hinzufügung von 0,01 g Morphium verwendet. Nun beträgt die Maximaldosis von Scopolamin 0,0005 g. Ein Überschreiten von Maximaldosen zum Zwecke von Schlafmittelhypnosen halten wir aus allgemeinen Gründen für bedenklich. Die Verwendung von Morphium für Schlafmittelhypnosen lehnen wir gleichfalls ab, da eine noch so geringe Gefahr, einen Menschen zum Morphinisten zu machen, ohne zwingende Gründe nicht heraufbeschworen werden soll. So scheint es am zweckmäßigsten zu sein, wie KAUFFMANN Veronal oder irgendeines der Veronalderivate zu geben. Man ist genötigt, bei der langsamen Wirkungsweise des Veronals und der Schlafmittel der gleichen Gruppe das Schlafmittel etwa 2 Stunden vor der beabsichtigten Hypnose nehmen zu lassen. Während dieser Zeit muß man dem Patienten den Auftrag geben, er solle das Einschlafen verhindern. Man leitet dann die Hypnose am zweckmäßigsten mit der Schlafsuggestion ein und überläßt den Patienten sich selbst. Wenn KAUFFMANN seinen Hörern sagt: „Sie glauben gar nicht, wie leicht oft eine Hypnose wirkt, nachdem man etwas Veronal gegeben hat", so können wir das nur vollständig bestätigen. Wir selbst bevorzugen im allgemeinen das Medinal, mit welchem wir von 0,5 bis zu 1, in Ausnahmefällen bis zu $1^1/_2$ g steigen.

Es kann für gewisse Zwecke unzweckmäßig sein, die Gruppe des Veronals zu verwenden, die ihre Wirkung so spät entfaltet. Nun ist Paraldehyd ein Schlafmittel, das auch in hohen Dosen vollkommen unschädlich ist und eine sehr prompte Wirkung entfaltet. Es hat nur den Nachteil des schlechten Geschmacks. Wir verwenden Paraldehyd immer dann, wenn wir eine prompte Herbeiführung der Hypnose wünschen. Denn 5—10 Minuten nach der Einnahme des Mittels wird der Patient bereits hypnosereif. Gelegentlich muß man mit der Dosierung hin und her tasten. Auch ist bei der Paraldehydhypnose die Gefahr größer, daß der Patient rasch in ein Stadium der Schlaftiefe kommt, aus welchem heraus ein Rapport nicht herzustellen ist, oder daß das Paraldehyd einen Zustand traumhafter Verwirrtheit schaffe, welcher die Fähigkeit zu Übernahme der Suggestion aufhebt. Wir verwenden Paraldehyddosen zwischen 4 und 12 g. Dosen über 8 g verwenden wir nur ganz ausnahmsweise. Im allgemeinen hat es sich uns als zweckmäßig erwiesen, den Patienten nach der Hypnose ruhig ausschlafen zu lassen. Gibt man geringere Dosen, wie etwa 4 g, wie das Hoff in unserer Ambulanz getan hat, so kann man die Patienten mit Begleitung nach Hause gehen lassen, nachdem man sie aus der Hypnose geweckt hat. Sie sind zwar taumelig, kommen aber gut nach Hause und schlafen dann zu Hause die Wirkung des Schlafmittels aus. Hoff hat bei dem Massenbetrieb einer Ambulanz, wo etwa 10 bis 15 Patienten hypnotisiert werden müssen, Vorteile gesehen, wenn er jedem der zu hypnotisierenden Patienten vorher 4 g Paraldehyd gab. Die Hypnosen können dann leichter und mit einem geringeren Zeitaufwand erzielt werden. Obwohl wir, wie bereits erwähnt, es aus prinzipiellen Gründen vermeiden, es dem Patienten nicht wissen zu lassen, daß es ein Schlafmittel sei, das er zur Erleichterung der Hypnose bekomme, kann dies doch in einigen Fällen aus äußeren Gründen der Fall sein. Wir möchten in diesem Zusammenhange eine interessante Erfahrung, die man im Gefolge von Schlafmittelhypnosen nicht so selten machen kann, an einem Beispiel mitteilen. Ein Patient wird nach einem pathologischen Alkoholrausch zur Aufhellung der bestehenden Amnesie hypnotisiert. Die Hypnose fördert von dem amnestischen Material nichts zutage. Der Patient erhält daraufhin 0,75 Medinal, ohne daß er erfährt, daß es sich dabei um ein Schlafmittel handelt, und wird 3 Stunden später zu einer weiteren Hypnose gebracht. Vorher fällt auf, daß der Patient durchaus lebhaft ist, in keiner Weise Müdigkeit, Schlafbedürfnis usw. äußert, obwohl er bisher noch nie Schlafmittel bekommen hatte. Bei der darauf durchgeführten Hypnose verfällt der Patient sogleich in Tiefschlaf, und es gelingt diesmal eine restlose Aufhellung der Amnesie Vor dem Erwecken erhält der Patient die übliche Suggestion, daß er sich völlig gesund und munter fühlen, nicht schläfrig sein werde. Nach dem pünktlichen Erwachen aus der Hypnose ist dieser Patient trotz der erhaltenen Suggestion außerordentlich schlaftrunken, taumelt und schläft, zu Bette gebracht, sogleich tief ein. Diese Erfahrung bestätigt in augenfälliger Weise unsere Ausführungen von der Wechselbeziehung und der wechselweisen Vertretbarkeit psychologischer und pharmakologischer Wirkungen auf den Schlafapparat; der in diesem Falle vorliegende Mechanismus ist der, daß hier einerseits erst durch die psychologische Wirkung der Hypnose die pharmakologische Wirkung des Schlafmittels, man möchte sagen, eruptiv zum Ausbruch kommt, daß andererseits die pharmakologische Wirkung die psychologische Suggestionswirkung vor dem Erwachen überdauert und durch diese nicht mehr unterdrückt werden kann.

Man könnte die Frage aufwerfen, ob es sich bei den Schlafmittelhypnosen denn nicht lediglich um Schlaf handle und ob denn überhaupt wirkliche Hypnosen vorlägen. Wer einmal Schlafmittelhypnosen gemacht hat, wird diesen Einwand von vorn herein ablehnen müssen, denn die Patienten führen Suggestionen durch und benehmen sich eben in jeder Hinsicht so wie Tiefhypnotisierte. Man kann nicht einmal sagen, daß die Bewußtseinstrübung eine tiefere ist als bei anderen Hypnosen, doch hängt das freilich von der Menge der verwendeten Schlafmittel ab.

Es ist ja sicherlich so, daß auch mit anderen Schlafmitteln Schlafmittelhypnosen erzielt werden können. Wir selbst haben darüber keine Versuche angestellt. Als Hauptforderung muß natürlich die gestellt werden, daß das verwendete Mittel absolut unschädlich sei, denn man darf ja nie vergessen, daß die Hypnose selbst nur ein technisches Mittel der Neurosenbehandlung darstellt und an sich keinen absoluten Heilwert darstellt. Gelegentlich kommt man mit einem Glas Wein oder Likör oder etwas Brom auch zum Ziele.

Ist einmal eine Schlafmittelhypnose erreicht worden, so ist es, wie wir im Einklang mit KAUFFMANN hervorheben müssen, häufig nicht mehr nötig, bei jeder neuen Hypnose wiederum Schlafmittel zu geben. Eine einmal erzielte Tiefhypnose erleichtert auch hier alle späteren.

Man kann ja die Frage aufwerfen, ob das, was mittels der Schlafmittelhypnose erzielt worden ist, nicht auch ohne Schlafmittel hätte erzielt werden können. Diese Frage kann nicht in Kürze beantwortet werden. Wir sind von der Voraussetzung ausgegangen, daß der Zustand der Hypnose ein Zustand sei, der gesetzmäßig aus dem Schlaf heraus erzielt werden könne. Grundsätzlich muß daher jeder Mensch in eine Tiefhypnose kommen können. Nun werden wohl die Bedingungen des Zustandekommens der Tiefhypnose nicht ohne weiteres bei jedem Menschen realisierbar sein. Wir erleben es immer wieder, daß Personen, die eine Zeit hindurch gut hypnotisabel waren, plötzlich gegen Hypnoseversuche refraktär sind. Wenn also ein Mensch sich nicht als hypnotisierbar ausweist, so könnte er vermutlich unter besonderen Bedingungen, bei besonderer Anstrengung des Hypnotiseurs oder bei einer besonders günstigen Konstellation vielleicht auch ohne Schlafmittel doch hypnotisierbar sein. Denn auch das sehen wir, daß Personen, die sich wiederholt als refraktär erwiesen haben, plötzlich, ohne daß wir den Grund hierfür genau angeben können, sich als ausgezeichnet hypnotisierbar erweisen. Daß die Tageszeit hierbei von Einfluß sein kann, ist bereits hervorgehoben worden. Aber Ermüdung, Schwächung durch körperliche Erkrankungen spielen gleichfalls in den Bedingungen der Hypnosefähigkeit eine Rolle. Auch zufällige Intoxikationen sind von Bedeutung. So erweist sich der Morphinist in der Abstinenzphase meist als besonders gut hypnotisabel. Bei einem Dipsomanen, den wir zunächst in einem freien Intervall zu hypnotisieren versucht haben, gelang die Hypnose zunächst nicht, es war aber eine besonders tiefe Hypnose vorhanden, als er das nächste Mal unmittelbar nach der Einlieferung in die Klinik aus einer dipsomanen Attacke heraus hypnotisiert wurde. Damit nähern wir uns aber bereits dem Thema Schlafmittelhypnose. Das Schlafmittel schafft günstige Bedingungen zur Verwirklichung eines Zustandes, der zwar prinzipiell auch auf eine andere Weise hergestellt werden könnte, der aber sich technisch nicht ohne weiteres verwirklichen läßt. Formulieren wir kurz, so bewirkt die Schlafmittelhypnose, daß die in jedem Menschen vorhandene Fähigkeit zur tiefen Hypnose leichter verwirklicht werden könne.

Wir dürfen uns übrigens darüber nicht im unklaren sein, daß es Fälle gibt, welche sich auch gegenüber den Schlafmittelhypnosen als refraktär erweisen. Wir sind ja bezüglich des Ausprobierens einer wirksamen Dosis doch insofern beschränkt, als man nicht zu viele Versuche an einem Patienten machen kann. Es wäre durchaus denkbar, daß unter der Anwendung einer verbesserten Technik, etwa unter Hinzuziehung des Äthers, die Zahl der refraktären Fälle sich praktisch reduzieren ließe.

Schädigungen der Hypnose sind besonders bei Tiefhypnosen zu befürchten. Es ist das meiste hierüber in dem Absatz über die Technik der Tiefhypnose gesagt worden. Die Nachwirkungen der Hypnose liegen entweder auf körperlichem Gebiet, Schwindel, Kopfschmerzen u. dgl. m., es können aber auch psychische Symptome jeder Art aus dem Gesamtbereich psychogener Erkrankungen hervorgerufen werden. Manifestwerden, Verschlechterung von hysterischen Symptomen, ist ohne weiteres möglich. Aus der Hypnose kann ein hysterischer Ausnahmszustand werden u. dgl. m. J. H. SCHULTZ hat zusammengetragen, was über Hypnoseschädigungen bekannt ist. Alle diese Erscheinungen treten natürlich besonders leicht bei Hypnosen auf, welche den Zwecken der Schaulust und der Neugierde dienen und bei welchen die Suggestibilität der Hypnotisierten dazu mißbraucht wird, um mit den Hypnotisierten eine mehr oder weniger törichte Komödie aufzuführen. Bei der zu therapeutischen Zwecken erfolgenden Hypnose werden solche Zwischenfälle nur die Bedeutung einer Reaktion haben, welche den endgültigen therapeutischen Zweck nur fördert. Man darf sich also im Zug einer derartigen Behandlung durch irgendwelche Nebenerscheinungen nicht verblüffen lassen. Übrigens sind Hypnoseschädigungen durch Schauhypnosen u. dgl. durch entsprechende Behandlung meist leicht zu beseitigen. Eine Gefahr der Hypnose liegt darin, daß sie als technisches Mittel zur Herbeiführung der Hörigkeit benützt werden kann. Eine Gefahr, die freilich mit Rücksicht darauf, daß dem Hypnotisierten ja stets ein Eigenwille verbleibt, nicht als übermäßig groß veranschlagt werden darf. Daß aus der Hypnose Hörigkeit werde, setzt ja im allgemeinen den bösen Willen des Hypnotiseurs voraus. Freilich kann die Bindung des Hypnotisierten an den Hypnotiseur auch ohne den bösen Willen unter Umständen allzusehr verstärkt werden. Es ist das eine Gefahr, welche der Psychotherapeut kennen und rechtzeitig bekämpfen muß. Es wird über sie im allgemeinen im therapeutischen Teil noch etwas eingehender zu sprechen sein. Diese Gefahr teilt übrigens die Hypnose mit jeder anderen Form der psychischen Behandlung, handle es sich nun um eine unbewußte oder um eine klar bewußte psychische Einwirkung, denn die Ergebnisse der Psychoanalyse haben uns eindeutig gezeigt, daß die Heilwirkungen auf dem Wege der Übertragung, d. h. des Auftretens früherer psychischer Liebeseinstellungen und ihrer Bindung an den Arzt, zustande kommen. Bei jeder psychischen Behandlung, ja bei jeder ärztlichen Behandlung, sind wir in Gefahr, den Patienten zu stark an uns zu binden, ihn zu unselbständig zu machen. Es ist schwer zu entscheiden, ob diese Gefahr der Hypnosebehandlung in verstärktem Maße zukomme. Jedenfalls ist aber diese Gefahr durchaus vermeidbar, und es ist Folge mangelhafter Technik, wenn nach einer Hypnosebehandlung eine allzu starke Bindung an den Arzt zurückbleibt. Bei einer technisch gut durchgeführten Hypnosebehandlung kann man eigentlich von einer Schädigungsmöglichkeit durch die Hypnose kaum sprechen.

Im vorangehenden haben wir im wesentlichen die Technik der Hypnose besprochen, und zwar in der Form, wie wir sie im allgemeinen zu üben pflegen. Man kann selbstverständlich an die Stelle der eigentlichen Hypnoseprozedur die Wachsuggestion setzen, bei welcher man dem Patienten von vornherein nur die präzis formulierte Suggestion mitteilt, wobei man den Patienten mit offenen oder geschlossenen Augen liegen lassen kann. Man kann sich zur Einleitung der Suggestion mit Vorteil der von Coué und Baudouin ausgearbeiteten Technik bedienen, welche von den Autoren dazu bestimmt ist, den Patienten die Macht der Gedanken und Vorstellungen auf den Körper darzutun.

Erster Versuch: Die stehende Versuchsperson wird angehalten, sich vollständig steif zu machen, so daß sie, durch einen Stoß aus dem Gleichgewicht gebracht, um die Ferse als Drehpunkt fällt. Nach diesem Vorversuch wird nun der Versuchsperson der Auftrag gegeben, sie solle intensiv daran denken, daß sie nach hinten fallen werde. Die Mehrzahl der Versuchspersonen pflegen in der Tat nach kurzer Zeit nach hinten zu fallen. Man kann das auch in der Form unterstützen, daß man, hinter den Patienten tretend, einen leichten Druck gegen dessen Stirne ausübt. Dieser Versuch ist bei der überwiegenden Mehrzahl von Menschen positiv. Etwas schwieriger ist mit der entsprechenden Technik das Nachvornefallen zu erzielen, was offenbar damit zusammenhängt, daß der Statik des menschlichen Körpers nach das Nachhintenfallen leichter erfolgen kann als das Nachvornefallen.

Zweiter Versuch: Die stehende Versuchsperson wird angehalten, die Finger der Hände ineinander zu verschränken. Sie wird darauf angewiesen, bei geschlossenen oder offenen Augen fest daran zu denken, daß sie außerstande sei, die Finger aus der Verschränkung zu befreien und die Hände auseinanderzuziehen. In der Tat gelingt es der überwiegenden Mehrzahl der Versuchspersonen nicht, die Hände aus der Verschränkung zu lösen. In diesem Versuch spielen freilich neben dem suggestiven Moment noch andere psychologische Faktoren mit. Bei verschränkten Händen haben wir nur eine ungenügende Vorstellung von der Lage der einzelnen Finger und sind infolgedessen nicht ohne weiteres fähig, die richtige Innervation zu treffen.

Dritter Versuch: An einem Zwirnsfaden wird ein schwerer Gegenstand, etwa ein Ring, befestigt, so daß der Faden straff gespannt herabhängt (CHEVREUILsches Pendel). Die Versuchsperson wird nun angewiesen, intensiv an einen Kreis zu denken. Sehr bald gerät nun das Pendel in die entsprechende schwingende Bewegung, von welcher die Versuchsperson beim Öffnen der Augen staunend Kenntnis nimmt. Läßt man die Versuchsperson an ovale, gerade Linien u. dgl. denken, so ist die Bewegung entsprechend abgeändert.

Der Vorteil dieser Proben besteht darin, daß sie in der Tat fast bei allen Menschen zum Erfolg führen. Man kann mittels dieser Proben auch sonst Widerspenstigen die Wirkung des Geistes auf den Körper demonstrieren. Man kann diese Versuche sowohl zur Einleitung zu Wachsuggestionen als auch zur Einleitung von Hypnosen in dem obenbeschriebenen Sinne benützen.

Noch einige allgemeinere Bemerkungen über das Verhalten des Hypnotiseurs während der Hypnose erscheinen erwünscht. Die populäre Meinung geht dahin, daß der Hypnotiseur mit besonderer Aufmerksamkeit und Energie die Hypnose durchführen müsse. Diese Anschauung ist zweifellos unrichtig. Die innere Beteiligung oder Nichtbeteiligung hat mit dem Gelingen der Hypnose nichts zu schaffen. Der Hypnotiseur braucht ruhige Sicherheit und darf sich durch Abweichungen von dem erwarteten Verlauf der Hypnose nicht verblüffen lassen. Irgendwelche persönliche Eigenschaften des Hypnotiseurs sind nicht erforderlich. Das Hypnotisieren ist eine Technik, die von jedem erlernt werden kann. Wir selbst ziehen ein Verhalten des Hypnotiseurs vor, das ihn als Arzt erscheinen läßt, und unterstreichen nicht die magischen Prozeduren.

Es mag sein, daß das letztere unter Umständen wirksamer zur Herbeiführung der tiefen Hypnosen ist. Es bleibt mehr oder minder Sache des persönlichen Geschmacks, inwieweit der Hypnotiseur den magischen Charakter seiner Handlung unterstreichen will. Zur Erzielung therapeutischer Erfolge ist die magische Geste gewiß nicht erforderlich.

XII. Allgemeine Richtlinien der Hypnosetherapie.

Wir haben im vorangehenden der Überzeugung Ausdruck gegeben, daß im Prinzip jeder Mensch der Tiefhypnose zugänglich sei. Damit wollen wir jedoch keineswegs ausdrücken, daß unter den Bedingungen der ärztlichen Sprechstunde jeder Mensch in Tiefhypnose gebracht werden könne. Nach LIÉBAULT verfallen etwa 16% dem Tiefschlaf, nach RINGIERS 35%. Ähnliche Zahlen hat HILGER angegeben. TRÖMNER erzielte sogar in einer Serie 52% Tiefhypnosen. Wir selbst können Prozentzahlen nicht angeben, da wir, wie später noch ausgeführt werden wird, in einer großen Reihe von Fällen von vornherein den Tiefschlaf nicht anstreben und das schon in der Formulierung der einleitenden Worte zum Ausdruck bringen. Im allgemeinen sind nach unseren Erfahrungen die mitgeteilten Prozentzahlen von Tiefschlafhypnosen eher zu hoch gegriffen. Im übrigen handelt es sich ja bei diesen Statistiken um eine bunte Mischung heterogensten Materials, so daß sie nur einen relativen Wert haben. Auch nach unseren Erfahrungen ist die Schlaftiefe im hohen Maße vom Lebensalter abhängig. Nach TRÖMNER, dem wir hier folgen, sind Kinder leicht und tief einzuschläfern, das mittlere Lebensalter ist mittelschwer zu hypnotisieren, alte Leute sind im allgemeinen schwer zu beeinflussen. Nach den übereinstimmenden Erfahrungen der Autoren ist die Zahl der Patienten, die vollständig refraktär sind, eine geringe. Die Prozentzahlen werden zwischen 2 und 6% angegeben. Auch hier sind die Zahlen natürlich sehr von der Art des Materials abhängig und haben aus diesem Grunde kaum eine absolute Bedeutung. Bei Kindern unter 5 Jahren wird man sich im allgemeinen nicht ohne weiteres zu einer hypnotischen Behandlung entschließen, da es schwer ist, die entsprechende Suggestionsformel zu finden. Auch ist es fraglich, ob es sinnvoll sei, in einer Zeit, wo das Wachleben ähnliche Triebverteilungen aufweist wie die Hypnose selbst, eine Hypnoseprozedur durchzuführen. Freilich liegen unseres Wissens über die Hypnosen des früheren Kindesalters zu wenig gesicherte Erfahrungen vor.

Die Hypnose kann in sehr verschiedener Art und Weise therapeutisch verwendet werden. Wir wollen zunächst drei Verwendungsarten voneinander scheiden:

1. Der hypnotisch erzeugte Schlaf wird als direkter Heilfaktor verwendet.

2. In der Hypnose richtet sich die Suggestion unmittelbar gegen jenes psychische oder physische Symptom, das zu beseitigen ist.

3. In der Hypnose werden vergessene Erlebnisse wieder in Erinnerung gerufen und dem Bewußtsein zugänglich gemacht (kathartische Hypnose).

Zu 1. WETTERSTRAND hat darauf aufmerksam gemacht, daß man körperlich heruntergekommene Kranke durch langdauernde Hypnosen, welche über mehrere Tage hin ausgedehnt werden können, ausgezeichnet ruhigstellen könne. Auch für Neurosen empfiehlt er dieses Verfahren. Auch wir sind von der unmittelbaren Heilwirkung des Schlafes überzeugt und dehnen aus diesem Grunde, wenn die äußeren Umstände es gestatten, die Tiefschlafhypnose über mehrere Stunden aus, wenn wir uns überzeugt haben, daß ein Hinübergleiten in einen somnambulen Ausnahmszustand nicht zu befürchten ist. Es empfiehlt sich aber auch nach leichten Hypnosen in vielen Fällen die Patienten nach der eigentlichen Prozedur der Hypnose für einige Zeit (einige Minuten bis eine Viertelstunde) im hypnotischen Schlaf zu belassen unter der Suggestion, sie möchten nur ruhig weiterschlafen, alle Gedanken „abschalten", sich auf sich selbst konzentrieren usw. Auf diese Weise wird ein natürlicher Übergang, ein allmähliches Übergleiten vom hypnotischen in den Wachzustand erzielt und ein allzu brüskes Erwachen vermieden. Wir haben von diesem Nachschlafen nach der eigentlichen Hypnoseprozedur immer nur die günstigsten Wirkungen gesehen, in vielen Fällen auch eine Verstärkung der in der Hypnose gegebenen Suggestionen durch den nachfolgenden Schlaf. Nur in einzelnen Fällen waren wir selbst in der Lage, wie das WETTERSTRAND empfiehlt, die Patienten länger schlafen zu lassen und nur zu den Mahlzeiten zu wecken u. dgl. m. Diese hypnotische Schlafkur hat sich uns unter anderem bei der Behandlung einer Magenneurose sehr bewährt. Die betreffende Patientin suchte total entkräftet, hochgradig abgemagert die Klinik auf, litt an einem sowohl auf feste wie auf flüssige Nahrung auftretenden, psychogen motivierten Erbrechen. Die hypnotische Schlafkur zeitigte hier schon innerhalb weniger Tage einen bedeutenden Erfolg, der bald bis zur normalen Nahrungsaufnahme ohne Erbrechen gesteigert werden konnte. Gelegentlich kann diese Schlafkur durch Abgabe von kleineren Schlafmitteldosen wirksam unterstützt werden. Durch Kombination von Dauerhypnosen und Schlafmittelabgabe können die Patienten oft tagelang in einem Schlafzustand gehalten werden, was sich uns besonders bei der Behandlung hartnäckiger, auch organischer Tics und motorischer Reizerscheinungen überhaupt sehr bewährt hat (vgl. hierzu auch den Somnifendauerschlaf bei Schizophrenie von KLÄSI). Derartige Schlafkuren werden im allgemeinen nur dort möglich sein, wo für entsprechende Überwachung gesorgt ist.

Auch bei der Schlafmittelhypnose dürfte die unmittelbare Schlafwirkung mit von Bedeutung sein. Wir glauben, daß neben der physischen Wirkung des Schlafes auch die psychische Bearbeitung von Bedeutung ist, welche der Mensch während des Schlafes seinen Erlebnissen zuteil werden läßt. Es ist selbstverständlich, daß nur sehr tiefe Hypnosegrade für die Ausnützung der Schlafwirkung als solcher in Frage kommen.

Zu 2. Die direkte Suggestion kann sowohl im oberflächlichen als auch im Tiefschlafe gegeben werden und wirken. Sie kann sich gegen das Symptom als solches richten und soll dann möglichst detailliert gegeben werden. Wenn wir etwa gegen Schlaflosigkeit vorgehen, so werden wir uns nicht damit begnügen, dem Patienten zu sagen: „Sie werden gut schlafen", sondern wir werden, angepaßt an seine Lebensgewohnheiten, sagen: „Sie werden um diese und diese Zeit müde und schläfrig werden, Sie werden zu Bett gehen, werden ein Gefühl der Schwere in allen Gliedern haben, Sie werden sehr schläfrig sein, die Augen werden Ihnen zufallen, Sie werden tief und fest einschlafen, Sie werden ungestört von irgendwelchen quälenden Träumen die ganze Nacht hindurch schlafen und am Morgen um soundso viel Uhr erquickt aufwachen." Gelegentlich empfiehlt es sich sogar, hinzuzufügen, daß der Patient nach Befriedigung eines Bedürfnisses ruhig weiterschlafen werde.

Wenn sich die Suggestion gegen hysterische Anfälle richtet, so wird es zweckmäßig sein, sich genau die Gefühle vor dem Eintreten des hysterischen Anfalls beschreiben zu lassen und dann die Suggestion zu geben, daß die Sensationen auch bei Aufregungen nicht auftreten, und daß aus diesem Grunde der hysterische Anfall nicht erfolgen werde. Man soll also möglichst detailliert suggerieren unter der peinlichen Beobachtung der Lebensumstände des Patienten.

Will man organische Symptome beeinflussen oder Symptome, deren Psychogenese nicht klar zutage liegt, so ist der Weg der direkten Suggestion wie der oben beschriebene der einzig gangbare. Handelt es sich jedoch um Symptome, deren Psychogenese bekannt und mit einiger Wahrscheinlichkeit erschlossen ist, so empfiehlt es sich, nicht unmittelbar gegen das Symptom mit der Suggestion vorzugehen, sondern womöglich die Suggestion gegen die psychischen Momente zu richten, welche das Auftreten des Symptoms verschuldet haben. Wir werden also im allgemeinen es vorziehen, etwa einer Kranken, welche immer dann hysterische Anfälle bekommt, wenn sie eine bestimmte Person sieht, nicht lediglich zu suggerieren, daß sie bei dem betreffenden Anlasse ruhig bleiben soll, sondern wir werden uns bemühen, in Erfahrung zu bringen, woher diese Person zu ihrer krankmachenden Wirkung gelange, werden die Erinnerungen untersuchen, welche etwa beim Erscheinen dieser Person auftauchen, und werden versuchen, die Erinnerungen zu entkräften. Wir haben kürzlich einen jungen Mann behandelt, der bei Prüfungen aus dem Gefühl lebhafter Angst und Befangenheit heraus versagte. Es erwies sich, daß in den Prüfungen die Angst vor dem überstrengen Vater wieder aufgelebt war. Die Suggestion richtete sich nicht lediglich gegen die Prüfungsangst, sondern auch gegen die angstvolle Stellungnahme gegenüber dem Vater. Wir versuchen also stets bis zu den psychischen Ursachen vorzudringen und bekämpfen diese psychischen Ursachen mittels der Suggestion. Man sieht aber sofort, daß zu derartiger Behandlung vertiefte Beschäftigung mit dem Patienten unbedingt erforderlich ist. Wir sind der Ansicht, daß diese vertiefte Beschäftigung mit dem Patienten dann ersprießlicher sein wird, wenn man über psychoanalytische Kenntnisse verfügt, und wenn man in der Lage ist, die psychoanalytische Technik bei den der Hypnose vorangehenden Gesprächen in Anwendung zu bringen. Darüber später noch einiges mehr.

Zu 3. Die Grundlagen der kathartischen Hypnose beruht auf der Annahme, daß das neurotische Symptom auf verdrängten eingeklemmten Affekten beruhe. Die Hypnose hebt Hemmungen und Verdrängungen auf und befreit den eingeklemmten Affekt (Breuer). Wir haben über das Grundsätzliche bereits berichtet. Wir haben auch bereits hervorgehoben, daß die Hypnose nur den Zugang zu den Erlebnissen des Systems Vbw. eröffnet, aber nicht zu den Erlebnissen des Systems Ubw. Dieses ist aber die Hauptquelle der neurotischen Symptome, und wir werden schon hier darauf aufmerksam gemacht, daß die kathartische Hypnose sich häufig als insuffizient erweisen werde. Man beseitigt durch die Katharsis oberflächlicher liegendes traumatisches Material, was unter Umständen Heilung herbeiführen kann, ist aber gegenüber wichtigem, tiefer verdrängtem Material oft machtlos. In der Tat sind unsere eigenen Ergebnisse mittels der kathartischen Hypnose nicht sehr zufriedenstellend. Es muß aber angeführt werden, daß andere Autoren, wie Kohnstamm und Friedfmann, Frank und Bezzola viel günstigere Ergebnisse erzielt haben und daß trotz allem die kathartische Hypnose als ernsthafte therapeutische Methode gewertet werden muß. Sehr häufig gibt aber, wie erwähnt, der Patient während der Hypnose nicht andere Auskünfte als im Wachzustand, dann wieder gibt er nur Dinge an, die er selbst schon gewußt hat, aber verschwiegen hatte und schließlich ist das Material, das wirklich vergessen war und durch die Hypnose zutage gefördert wurde, oft nicht von hinreichend großer Bedeutung. Für die Behandlung mittels der kathartischen Hypnose kommen selbstverständlich nur Neurosen in Betracht, organische Störungen entziehen sich ihr vollkommen. Im allgemeinen wird für die Katharsis tiefe Hypnose erwünscht sein. Doch hat Freud bereits angegeben, daß bei Patienten, welche der Tiefhypnose nicht zugänglich sind, auf leichte suggestive Maßnahmen hin, Einfälle erfolgen. Diese unter suggestivem Einfluß erfolgten Erinnerungen führen in direkter Linie zu der späteren

Methodik der Psychoanalyse, zu der Methodik des freien Einfalls. Betonen wir, daß die Methode des freien Einfalls zweifellos die weitaus tieferdringende und ergebnisreichere ist. FRANK bedient sich zur Herbeiführung der Katharsis gleichfalls der oberflächlichen Hypnose. Einige Bemerkungen über die Technik der kathartischen Hypnose, die auch bei der Aufhellung von Amnesien, wenn diese aus irgendeinem Grunde wünschenswert erscheint, in Anwendung gebracht wird, sind hinzuzufügen. Wir müssen damit rechnen, daß die Aufhellung nicht in einer oder in wenigen Sitzungen erfolge. Die Aufhellung erfolgt vielmehr in mühsamer Arbeit stückweise. Man vergleiche hierzu etwa die Beobachtung von NAEF, welcher eine große amnestische Lücke schrittweise aufgehellt hat. Bei der Aufhellung amnestischer Lücken muß man ebenso wie beim Vordringen zu den Ursachen eines neurotischen Symptoms irgendeinen Ausgangspunkt wählen. Bei den amnestischen Lücken kann man entweder von der letzterinnerten Situation ausgehen oder von der ersten Erinnerung nach der Wiederkehr des Normalzustandes. Von dort aus muß man sich schrittweise vorwärtstasten, immer gewärtig, daß diese oder jene Angabe sich als unrichtig erweise. Es empfiehlt sich daher, gelegentlich wieder neu von den gekennzeichneten Ausgangspunkten auszugehen.

Bei der kathartischen Neurosenbehandlung ist das Symptom der natürliche Ausgangspunkt. Bereits die ersten Beobachtungen von BREUER und FREUD haben ergeben, daß es nicht genügt, irgendeine der psychischen Ursachen eines Symptoms aufzudecken, sondern daß alle Gelegenheiten aufgedeckt werden müssen, welche das Symptom hervorgerufen haben. In der Mehrzahl der Fälle wird der Gang der Reamnesierung der sein, daß die Untersuchung von den letzten Anlässen her immer weiter in die Vergangenheit bis in die Kindheit zurückschreitet. Auch hier wird man stets fragen müssen, ob die von den Patienten gebrachten Erinnerungen Erinnerungen oder Phantasien seien. Sehr häufig kann eine solche Entscheidung nicht ohne weiteres getroffen werden. Sie ist auch für den therapeutischen Effekt gleichgültig, es handelt sich ja bei der kathartischen Hypnose nicht um die Feststellung der historischen Wirklichkeit, denn hinter den erdichteten Phantasien können sich wichtige psychische Realitäten verbergen und es mag schon der in den Phantasien gegebene verschleierte Hinweis für den Patienten von therapeutischer Bedeutung sein. Grundsatz jeder kathartischen Neurosenbehandlung muß es sein, daß möglichst viele, ja womöglich alle[1]) der psychischen Ursachen eines Symptoms aufgedeckt werden müssen, bevor das Symptom endgültig verschwindet. Man darf also nicht erwarten, daß ein Symptom verschwinde, wenn der eine oder der andere Anlaß des Symptoms aufgedeckt ist.

[1]) Strenggenommen ist die Aufdeckung aller Ursachen eine unlösbare Aufgabe.

Nach unseren ganzen Ausführungen halten wir die Methode der unmittelbaren therapeutischen Suggestion für die wesentlichste. Sie hat nicht nur die breiteste Anwendungsmöglichkeit, sondern ist auch im allgemeinen die wirksamste. Wir pflegen dieses Verfahren als das Normalverfahren anzuwenden. Bei lediglich organischen Symptomen ist der Behandlungsplan ein außerordentlich einfacher. Die Hypnose wird möglichst vertieft, und ist eine entsprechende Hypnosetiefe erreicht, so wird die therapeutische, direkt gegen das Symptom gerichtete Suggestion möglichst eindringlich und klar formuliert. Die Behandlung muß oft wiederholt werden. Handelt es sich um eine Neurosenbehandlung, so verwenden wir bisweilen einige (2—3) Stunden zur psychoanalytisch orientierten Aussprache mit dem Patienten. Erst dann beginnen wir mit den hypnotischen Sitzungen, denen wir aber stets Aussprachen vorausschicken. Das in der Aussprache Ermittelte wird zur Formulierung der Suggestion verwertet. Auch in den folgenden Sitzungen verwenden wir einen erheblichen Teil der zu Gebote stehenden Zeit auf die Aussprache und achten streng darauf, daß die Suggestion möglichst individuell gestaltet sei. Bei Neurosen legen wir im allgemeinen der Vertiefung der Hypnose keinen besonderen Wert bei und konzentrieren unsere Energie auf die Aufhellung des psychischen Zustandes des Patienten. Im allgemeinen pflegen die ersten Zeichen der Besserung bei Fällen, die therapeutisch reagieren, sich bald einzustellen; etwa nach der 3. bis 4. hypnotischen Sitzung. Die Besserung macht dann im allgemeinen rasche Fortschritte. Ist Symptomfreiheit erzielt, so soll man die Behandlung gleichwohl nicht sofort abbrechen. Rezidive nach der ersten Befreiung von den Symptomen sind häufig, so daß wir das erste Rezidiv sogar erwarten und erst nach dessen Beseitigung mit einer Heilung rechnen. Es ist begreiflich, daß derartige Hypnosebehandlungen nicht in einer ganz kurzen Zeitspanne erledigt werden können. Wir rechnen durchschnittlich auf 15—25 Sitzungen bei auch nur einigermaßen ernsthaften Neurosen. Es wird später noch zu erwähnen sein, daß die Hypnose bei schweren Neurosefällen nicht ausreichend ist. Hier tritt die Psychoanalyse in ihre Rechte. Näheres bezüglich der Indikationsstellung der Hypnosebehandlung werden wir noch im spezielleren Teil ausführen. Ein besonderes Gewicht ist während jeder Hypnosebehandlung darauf zu legen, daß der Patient angehalten wird, nicht dem Arzt zuliebe seine Symptome aufzugeben, sondern daß er sich selbst zuliebe auf seine Symptome verzichten lerne. Man wird den Patienten dazu zwingen, den Sinn seiner Symptome mehr oder minder tief einzusehen und auf seine Symtome verzichten zu lernen. Überhaupt muß bei der Methode der direkten Suggestion von einer gewissen Phase der Behandlung an darauf geachtet werden, daß der Patient erfahre und sich danach richte, daß er aus seiner eigenen Einstellung heraus die Symptome zum Schwinden zu bringen habe. Man wird natürlich nicht gut tun, die Betonung der Selbständigkeit in der ersten Phase der Behandlung zu forcieren, wohl aber muß der Verweis auf den eigenen Willen des Patienten in den späteren Formulierungen immer wieder durchgeführt werden. Niemals wird man auf jene Bilder würdeloser Abhängigkeit des Hypnotisierten vom Hypnotiseur stoßen, auf jene Hörigkeit des Hypnotisierten gegenüber dem Arzt, welche die älteren Hypnotiseure so häufig angestrebt haben, und welche mit Recht als Hypnoseschädigung gefürchtet werden. Der eine von uns hat zu Beginn seiner ärztlichen Tätigkeit noch Gelegenheit gehabt, solche Hypnosehörigen als Überbleibsel einer früheren Zeit zu sehen. Im Wesen der Hypnose liegt derartiges gewiß nicht, und bei zureichender Technik können derartige Kunstprodukte leicht vermieden werden. Ja, man könnte geradezu sagen, es bedarf einer besonderen Bemühung in der verkehrten Richtung, damit derartige Bilder zustande kommen. Es darf nicht der Ehrgeiz des Hypnotiseurs und des Psychotherapeuten überhaupt sein, den Patienten möglichst stark an sich zu binden. Jede psychotherapeutische Bindung des Patienten an den Arzt hat ja letzten Endes nur den Zweck, den Patienten zum eigenen freien Erleben zu bringen und ihn von jenen Hemmungen zu befreien, welche der Entfaltung seiner Persönlichkeit im Wege stehen. Jede psychotherapeutische Bindung muß also gelöst werden und es ist eine wichtige Phase jeder Psychotherapie, daß diese Lösung kunstgerecht vollzogen werde. Die Einsicht in das Wesen dieser Vorgänge verdanken wir der Lehre FREUDS von der Übertragung, auf die wir eindringlich verweisen.

Wir haben immer wieder betont, daß die Hypnose ein regressiver Zustand sei: Die Rückkehr zu einem undifferenzierteren und ungestalteren Sein. Man könnte fragen, welchen Sinn es denn haben könne, ein solches Aufgeben von Differenzierungen zu erzwingen. Man verkenne nicht die Bedeutung des Chaos oder des Primitiven, denn von hier aus nimmt jede neuere Gestaltung ihren Ausgang. Hier im System Ubw. FREUDS, in der Sphäre, liegen die Quellen des Schöpferischen. Die ärztliche Hypnose schmilzt fehlerhafte Differenzierungen ein und zwingt das Individuum, ein Seelenleben von höherer Anpassungsfähigkeit und besserer Durchdringung der Realität wieder aufzubauen. Der Wiederaufbau erfolgt eben unter der Leitung der Persönlichkeit des Arztes. Im Rapportverhältnis liegt eben ein wesentliches Bestandstück der Hypnose. Hierin und in der relativ geringen Tiefe der Rückkehr zum Ungestalteten, in den Vorbehalten der Hypnotisierten liegt jene eigentümliche Schwäche des Hypnotisierten, welche ihn so tief unter den wirklich Schaffenden und den wirklich Liebenden stellt.

Hier ist Gelegenheit, noch einmal auf die Lehre von COUÉ und BAUDOUIN mit einigen Worten einzugehen. Beide begehen einen grundlegenden psychologischen Irrtum, wenn sie die Rolle des Mitmenschen in der Suggestion und in der Hypnose verkennen. BAUDOUIN irrt auch, wenn er der Willensentscheidung der Persönlichkeit grundsätzlich einen hemmenden Einfluß zuschreibt. Es ist nicht richtig, wenn er die Ansicht vertritt, die Willensentscheidung verschärfe das neurotische Symptom. Auch die Willensentscheidung stützt sich auf Kräfte aus dem System Ubw. und ruft solche Kräfte in dem Individuum wach. Der Willensentscheid kann störend wirken, wenn er vom System Ubw. nicht die richtige Unterstützung findet. Wir haben aber keinen Grund, auf jene mächtige Unterstützung der Willensentscheidung zu verzichten, und wenden uns besonders in der zweiten Phase der Behandlung ohne Zögern auch an die rationale Persönlichkeit des Erkrankten, sowohl bei oberflächlichen als auch bei tief Hypnotisierten. Mit anderen Worten, wir verschmähen es durchaus nicht, in gewissen Phasen der Behandlung die Beeinflussung in oberflächlicher und tiefer Hypnose mit einer Dialektik zu verbinden, welche etwa der DUBOISschen Persuasionsmethode angenähert ist.

XIII. Spezielle Hypnosetherapie.

Aus dem oben Angeführten geht hervor, daß wir es nicht für richtig halten, in jedem Fall unser Hauptaugenmerk der Vertiefung der Hypnose zuzuwenden. Nun ist die Entscheidung, ob wir für eine Behandlung oberflächliche oder tiefe Hypnose brauchen, deswegen wichtig, weil wir von allem Anfang an den Patienten entsprechend vorbereiten müssen. Wir werden uns also fragen, bei welchen Zuständen wir Tiefhypnose brauchen, und bei welchen Zuständen wir mit oberflächlicher Hypnose auskommen. Hier kann folgende allgemeine Regel gegeben werden: Tiefe Hypnose ist im allgemeinen notwendig:

1. bei Aufhellung von Amnesien[1]), 2. bei der Beeinflussung organischer Symptome, 3. zur Festigung des Entwöhnungswillens bei Süchtigen.

Die Tiefhypnose ist grundsätzlich nicht notwendig bei neurotischen Störungen, wenn auch gelegentlich bei solchen tiefe Hypnose wünschenswert sein kann.

Wenden wir uns nun den speziellen Aufgaben zu.

A. Behandlung organischer Erkrankungen.

Jede Erkrankung ist in ihrer Erscheinungsweise und in ihrem Bilde, wie das der eine von uns wiederholt betont hat, weitgehend von der zentralen Stellungnahme der Persönlichkeit abhängig. Man hat hierbei gar nicht immer das Recht, von psychogenen Zutaten zu sprechen.

---

[1]) Allerdings verwirft FRANK bei seinen kathartischen Hypnosebehandlungen die Tiefhypnose und arbeitet mit mitteltiefen Hypnosen.

Psychotherapie wird nun, ganz abgesehen davon, ob sie imstande ist, das Grundleiden zu beeinflussen, durch die Beeinflussung zur Stellungnahme Wesentliches erzielen können. Solches gilt etwa von den Beschwerden Herzkranker und von den ängstlichen Erwartungen, welche die Herzkranken an ihre Krankheit knüpfen können, die gelegentlich geradezu unter dem Bilde der Angstneurose die äußere Erscheinung der Krankheit beherrschen. Sehr häufig wird einfacher Zuspruch, Persuasion u. dgl. genügen, um die Stellungnahme des Patienten in günstiger Weise zu beeinflussen. Häufig wird jedoch Hypnose notwendig werden, die freilich mit aller Schonung und Vorsicht einzusetzen hat. Gerade bei diesen Fällen wird man sich im allgemeinen zu langwierigen Psychoanalysen nicht entschließen. Im wesentlichen kommen für derartige Behandlungen, deren Erfolg sich nach 3—4 Sitzungen bereits ankündigen muß, chronische Erkrankungen in Frage: Gelenks- und Knochenerkrankungen, Carcinose u. dgl. m. Von den Krankheiten des Nervensystems verdient von diesem Gesichtspunkt aus die multiple Sklerose eine besondere Beachtung, deren Erscheinungsweise so stark mit psychogenen Momenten durchsetzt ist. Wir haben ja schon im vorangehenden betont, daß für jede organische Erkrankung die Stellungnahme der Persönlichkeit mit in Frage kommt, ohne daß wir etwa, wenn der Wille zur Kompensation organischer Störungen nicht ausreichend ist, das Recht hätten, ohne weiteres von Hysterie od. dgl. zu sprechen. Auch der Wille zur Kompensation einer organischen Gleichgewichtsstörung kann durch Psychotherapie erheblich verbessert werden. Die verblüffenden Erfolge, welche man beim Beginn einer Übungsbehandlung der Tabes dorsalis nicht selten sieht, können wohl am besten auf diese Art erklärt werden. Der Kranke gibt ja bisweilen den Kampf gegen ein Symptom, das bei richtiger Anleitung und Einstellung kompensierbar wäre, oft allzufrüh auf. Bei gewissen Gebieten scheinbar organischer Erkrankungen ist es schwer, das Organische von dem Funktionellen zu trennen. Es gilt das insbesondere von den Magen-Darmerkrankungen. Oben wurde ja ausführlich auseinandergesetzt, welch starken Einfluß das Psychische auf Motilität und Sekretion des Darmes hat. Auch zweifellos organische Veränderungen im Bereiche des Magen-Darmtrakts, etwa eine Dilatation und Ptosis des Magens, macht erst dann Erscheinungen, wenn psychische Momente hinzutreten. Das heftige Erbrechen solcher Kranker, ihre kaum erträglichen Beschwerden schwinden oft überraschend schnell in einer Hypnosebehandlung, welche nach den Grundsätzen der Neurosenbehandlung zu erfolgen hat. Fälle von Hyperemesis gravidarum und zwar auch solche, an deren Entstehung neben psychischen auch toxische Momente mitwirken, sind ein günstiges Objekt der Hypnosetherapie. Bestimmte Formen der Stuhlträgheit sind, wie Forel hervorgehoben hat und wie wir selbst bestätigen können, durch psychische Behandlung sehr häufig günstig beeinflußbar. Hier wird nicht einmal immer tiefe Hypnose notwendig sein. Sehr viele von den Magen- und Darmneurosen mit mehr oder minder ausgeprägter organischen Symptomen sind freilich als Neurosen zu werten, und sie brauchen das ganze Rüstzeug der Neurosentherapie, d. h. man wird ohne Psychoanalyse nicht weiterkommen, wenn es sich um schwerere Fälle handelt. Man wird jedoch besonders bei akuten Fällen gelegentlich mit der Hypnose Ausgezeichnetes erreichen. So haben wir bei einem Singultus bei einer Sarkomatose des Peritoneums, der im Anschluß an eine zum Zwecke exakterer Untersuchung vorgenommene Äthernarkose eingetreten war und jeder anderen Therapie getrotzt hatte, mit zwei Sitzungen einen prompten Erfolg erzielt. Auf gynäkologischem Gebiete sind Fluorerscheinungen, Menstruationsbeschwerden, Hyperemesis gravidarum von FOREL, HALLAUER, LIEPMANN, MAYER wiederholt mit gutem Erfolge behandelt worden. Über die Behandlung der vaginalen Anästhesie werden wir später noch einige Worte hinzufügen. Bei der Behandlung derartiger Störungen wird man sich wohl stets fragen müssen, was von diesen Störungen als Organneurose aufgefaßt werden kann, also als eine am bestimmten Organ lokalisierte Neurose, und was als unmittelbare organische Störung aufgefaßt werden muß. Überwiegt der organneurotische Anteil, so sind die allgemeinen Grundsätze der Neurosenbehandlung zur Anwendung zu bringen, über die wir später im Zusammenhang sprechen werden. Über hypnotische Beeinflussung von Hauterkrankungen berichtet BUNNEMANN.

Das Asthma bronchiale kann gelegentlich durch Hypnose beeinflußt werden. Doch scheint diese Beeinflussung nicht leicht zu erzielen zu sein, wir selbst haben entsprechende Erfolge nicht erzielt.

Auch als nicht psychogen kenntliche Störungen im vegetativen Nervensystem, wie z. B. Hyperhydrose, erweisen sich bisweilen durch tiefe Hypnose beeinflußbar.

KOHNSTAMM und FRIEDEMANN haben über die Heilung eines Basedow durch Hypnose berichtet. Als Normalverfahren zur Basedow-Behandlung kommt allerdings die Hypnose keineswegs in Frage.

Alle Möglichkeiten der psychischen Beeinflussung sind ausführlich berücksichtigt in dem Sammelwerk von O. SCHWARZ: Psychogenese und Psychotherapie von Organsymptomen. Wir verweisen auf dieses Werk, betonen jedoch ausdrücklich, daß die Bearbeiter der einzelnen Abschnitte die Behandlungsmethode der regulären Psychoanalyse viel zu gering einschätzen. Diese ist die Methode der Wahl zur Behandlung schwerer neurotischer Störungen, gleichgültig, ob diese sich in Organsymptomen auswirken oder nicht. Die Hypnose ist lediglich die Methode für die leichten und mittelschweren Fälle und ist auch bei der Behandlung der schweren Fälle häufig symptomatisch von großem Vorteil.

B. Hypnotische Schmerzbeeinflussung und Hypnonarkose.

Eine besondere Stellung innerhalb der Hypnosetherapie hat die Verwertung der Hypnose zur Ausschaltung der Schmerzen. Daß psychogene Schmerzen durch Hypnose beeinflußbar sind, ist selbstverständlich. Aber eine auch nur oberflächliche Beschäftigung mit dem Schmerzproblem ergibt, daß die Gesamtstellung des Individuums von sehr wesentlicher Bedeutung für die Wahrnehmung und Einschätzung des Schmerzes ist. Der Schmerz muß verschiedene psychische Stationen passieren, bevor er in seiner endgültigen Form erscheint. Die Endstationen sind zweifellos von der Hypnose her beeinflußbar. Freilich ändert die Hypnose sicherlich auch die Blutversorgung der analgetisch gemachten Stellen und wir wissen aus einer ganzen Reihe von Untersuchungen, daß durch Suggestion analgetisch gemachte Extremitäten bei Stichen weniger bluten. Wir sind also der Ansicht, daß die Analgesiesuggestion auch vasovegetative Apparate abändert, und es ist noch außerordentlich fraglich, ob sich diese Abänderung lediglich auf den Blutgefäßapparat bezieht. Es muß immerhin zu denken geben, daß Schmerzen, welche aus Organen mit glatter Muskulatur stammen, doch leichter beeinflußbar sind als Schmerzen, welche anderer Genese sind. Doch ist das experimentelle Material über diesen Punkt nicht groß genug, um zu einem endgültigen Resultat zu kommen. Die Hypnose kann als solche verwendet werden zur Durchführung von kleinen Operationen. Tiefhypnose wird dabei im allgemeinen wünschenswert sein. Zahnärztliche Eingriffe sind wiederholt in Hypnose gemacht worden. Es fragt sich, ob der immerhin recht unsichere Erfolg derartiger Bemühungen zur aufgewendeten Mühe im richtigen Verhältnis steht. Zur Durchführung größerer Operationen genügt die Hypnose jedenfalls nicht. Hier scheint aber ein Verfahren besonders bedeutsam, das in letzter Zeit besonders von FRIEDLÄNDER empfohlen wird, nämlich die Hypnonarkose; da es sich im Grunde nicht um eine Beeinflussung des Schmerzes in der Hypnose handelt, sondern um eine Unterstützung der Narkose durch die Hypnose, werden wir erst etwas später eingehender über dieses Verfahren sprechen und wenden uns zunächst zu den Versuchen, die Geburtsschmerzen durch die Hypnose zu lindern und aufzuheben. HALLAUER verwendet psychische Beeinflussung gleichfalls zur Unterstützung der Narkose und spart so Narkosemittel. Umgekehrt verwendet er Chloroform zur Erleichterung der Hypnose.

Versuche, Geburten durch Hypnose schmerzlos zu machen, stammen schon aus der älteren Zeit der Beschäftigung mit der Hypnose. KOGERER hat jüngst über günstige Erfahrungen berichtet. Man kann die Patientinnen während der Geburt in einen hypnotischen Schlaf versetzen. Nach dem Erwachen aus dem hypnotischen Schlaf wissen die Patientinnen nichts über die Geburt. Sie sind amnestisch für die Geburt. Eine Reihe von Autoren befürchtet, daß durch ein derartiges Verfahren den Frauen das Geburtserlebnis genommen werde und hierdurch die richtige mütterliche Zuneigung Einbuße erleiden könne. KOGERER bevorzugt deshalb ein Verfahren, in welchem er während der Geburt nur Anästhesie suggeriert und den Frauen das Geburtserlebnis, den Geburtsschmerz ausgenommen, beläßt. Wir müssen vom allgemeinen Gesichtspunkt aus, ganz abgesehen von der psychologischen Wertigkeit des Geburtserlebnisses für die Frau, betonen, daß ja auch Erlebnisse der Tiefhypnose dem individuellen Bestande des Seelischen zugehören, so daß die Mutter das Geburtserlebnis auch dann hat, wenn sie amnesiert. Dieses Erlebnis könnte durch eine neuerliche Hypnose ohne weiteres dem Bewußtsein wieder zugänglich gemacht werden. Es wäre der Mühe wert, derartige Versuche zu machen, wobei es von besonderem Interesse wäre, festzustellen, in welcher Weise der Geburtsschmerz in derartigen Fällen nacherlebt wird. Uns ist es bei Hypnoseversuchen wiederholt aufgefallen, daß bei Aufhellung von Amnesien in der Hypnose applizierte Schmerzreize an analgetisch gemachten Körperstellen häufig besonders schwer wieder erweckt werden können. Die Problematik der Hypnoseanalgesie scheint uns derzeit noch nicht vollständig geklärt zu sein, da wir nicht wissen, wie groß der Anteil der peripheren Schmerzbeeinflussung und verminderung ist. Es ist übrigens bemerkenswert, daß fast sämtliche Autoren, welche sich mit der Schmerzbefreiung durch Hypnose bei Geburten beschäftigen, angeben, daß sie auch die Wehentätigkeit beeinflußt hätten. Im allgemeinen wird für die hypnotische Schmerzbeeinflussung der Gebärenden eine Vorbereitung in der Schwangerschaft notwendig sein. Es ist unwahrscheinlich, daß auf der Höhe der Schmerzen der entsprechende Rapport zwischen Hypnotiseur und der Patientin hergestellt werden kann. Das Verfahren der hypnotischen Geburtsanalgesie und der Geburt in der Hypnose dürfte wegen der immerhin etwas umständlichen Vorbereitung nicht zur allgemeinen Verbreitung geeignet sein, ist aber im geeigneten Einzelfall sicherlich empfehlenswert.

Daß die Hypnose allein zur Durchführung größerer Operationen nicht genügt, wurde bereits hervorgehoben. Wohl aber kann die Hypnose die Narkose in wirksamer Weise unterstützen. FRIEDLÄNDER gibt an, daß erhebliche Mengen des Narkoticums erspart werden können, wenn die Patienten vorher hypnotisiert werden (ebenso HALLAUER). Wir halten diese Angabe für durchaus glaubhaft, sie entspricht völlig unseren theoretischen Überzeugungen in bezug auf das enge Ineinandergreifen psychischer und physischer Faktoren. Da es zweifellos für den Patienten von großer Wichtigkeit ist, daß die Menge der Narkotica nicht allzu groß sei, müßte, falls das Verfahren sich auch weiterhin bewährt, gefordert werden, daß das Verfahren bei jeder Narkose angewendet werde.

Die Hypnonarkose stellt das theoretische Gegenstück zur Schlafmittelhypnose dar und scheint uns ein wichtiger Hinweis auf ein therapeutisches Prinzip zu sein, dem vielleicht in der Zukunft nicht nur auf dem Gebiete der Narkotica und Hypnotica, sondern ganz allgemein eine größere Bedeutung zukommen dürfte. Wir meinen das Prinzip, daß psychische Einwirkungen durch medikamentöse unterstützt werden können und anderenteils medikamentöse und körperliche auf psychischem Wege zu voller Wirksamkeit gebracht werden können. Hier eröffnet sich eine neue bedeutsame Anwendung einer künftigen Pharmakopsychoanalyse. Der eine von uns hat auf dieses wichtige Gebiet zukünftiger Forschung wiederholt hingewiesen.

C. Die Behandlung neurotischer Störungen.

Trotz der oben erwähnten bedeutsamen Anwendungsgebiete der Hypnosetherapie bleibt das Hauptanwendungsgebiet der Hypnose das Gebiet der Neurose. Freilich darf man dabei nie außer acht lassen, wie wir das bereits wiederholt betont haben, daß die Hypnose nur ein technisches Hilfsmittel zur Behandlung und nicht die Behandlung selbst ist. Die allgemeinen Grundsätze der Neurosenbehandlung wird man auch bei der Hypnosetherapie nicht außer acht lassen dürfen. Einer der wichtigsten Grundsätze ist, daß man den Patienten stets zwingen muß, gegen das neurotische Symptom zu handeln. So ist es notwendig, den Angstneurotiker in jene Situation hineinzuzwingen, welche ihm die Angst verursacht. Sind beispielsweise Schluckbeschwerden vorhanden, so wird man darauf bestehen müssen, daß der Patient gerade jene Speise ißt, welche ihm Schlingbeschwerden macht u. dgl. m. Fast stets erweist sich das Zurückweichen vor dem Symptom als unzweckmäßig. Freilich wird man mit dem Zwang gegen das Symptom im allgemeinen erst dann einsetzen können, wenn eine gewisse Bindung an den Arzt bereits erreicht ist. Auch bei psychoanalytischen Behandlungen fordert der Grundsatz der aktiven Therapie, den Patienten etwa in die angstgebende Situation hineinzuzwingen. Der Psychoanalytiker weiß, daß hierbei tiefliegendes verdrängtes Material zum Vorschein kommt, das dann durch die Analyse aufgelöst werden kann. Aber auch bei der nichtanalytischen „aktiven" Therapie wird offenbar das gleiche verdrängte Material dem Zugriff des Psychotherapeuten erst bei solcher Behandlung faßbar. Auch während einer Hypnosebehandlung wird unter Umständen Trennung aus der gewohnten Umgebung notwendig werden, wenn wir auch der Ansicht sind, daß im allgemeinen die Bedeutung der Loslösung vom Milieu überschätzt zu werden pflegt. Wenn wir nun die verschiedenen neurotischen Störungen einzeln besprechen, so gehen wir bei ihrer Einteilung nicht von dem Gesichtspunkt wissenschaftlicher Systematik aus, sondern berücksichtigen in der Einteilung mehr die praktischen Bedürfnisse.

1. Aktualneurosen. Unter Aktualneurosen faßt FREUD jene Neurosen zusammen, welche von einer unmittelbaren sexuellen Schädigung ihren Ausgangspunkt nehmen. Ihr Hauptkennzeichen ist Angst. Wir können auch von akuten Angstneurosen sprechen. Wenn auch die sexuelle Unbefriedigung, bedingt durch Abstinenz oder irgendwelche unbefriedigende Formen des Sexualverkehrs, sei es nun Coitus interruptus, condomatus u. dgl. m., im Vordergrunde steht, so ist doch niemals die körperliche Unbefriedigung allein das Maßgebende. Die körperliche Unbefriedigung wird erst dann krankmachend, wenn psychische Momente hinzutreten. Das Wesentliche ist die psychosexuelle Nichtbefriedigung, der allerdings von körperlicher Seite her Vorschub geleistet wird. Dieser Gesichtspunkt ist therapeutisch deshalb wichtig, weil die körperliche Unbefriedigung einesteils aus äußeren Gründen nicht immer abgeändert werden kann, anderenteils die erreichte körperliche Befriedigung die Neurose dann nicht aufhebt, wenn sie nicht entsprechend psychisch vorbereitet ist und so auch zur psychischen Befriedigung führt. Es kommt ja dem Arzte keineswegs zu, Personen, die sexuell zurückhaltend leben, gegen deren Überzeugung in die mannigfaltigen Gefahren des außerehelichen Geschlechtsverkehrs hineinzudrängen. Ganz abgesehen davon, daß dieser in befriedigender Form für viele nicht ohne weiteres erreichbar ist. Auch das Beiseitelassen von Vorsichtsmaßregeln im ehelichen Verkehr ist sehr häufig aus einer Reihe von Gründen nicht möglich. Anderenteils ist der Arzt gehalten, bei allen akuten Angstzuständen das Sexualleben der Patienten gründlich zu durchforschen und mit ihnen durchzusprechen. Aufklärung und Beratung sind sehr häufig auch dann wirksam, wenn die äußere Form der Sexualbetätigung nicht abgeändert wird. Allerdings kann man unter Umständen leicht Sexualschädigungen abstellen. Wir haben wiederholt die Erfahrung gemacht, daß Ehemänner selbst bei genügender Potenz auf die Befriedigung der Frau nicht genügend Rücksicht nehmen, was Ursache nervöser Störungen sein kann. Hier hat eingehende Belehrung einzusetzen. Im übrigen und gerade bei derartigen Angstzuständen wird man stets trachten, dem Patienten seiner eigenen Sexualität gegenüber eine größere innere Freiheit beizubringen. Die Hypnose bei derartigen Angstzuständen ist meistens nur eine oberflächliche, aber auch diese genügt vollkommen, und man erzielt gerade bei derartigen Fällen unter Berücksichtigung unserer sonstigen Grundsätze der Hypnosebehandlung oft ausgezeichnete Resultate, so daß für derartige Fälle die Hypnose geradezu die Methode der Wahl ist. Das gilt freilich nur von den akuten Fällen. Hat der ganze Zustand bereits längere Zeit hindurch bestanden, so wird die Behandlung schwieriger und man darf bei jenen Fällen ausgebildeter Phobie, wie Brückenangst, Gehangst u. dgl. m., nicht ohne weiteres Erfolge erwarten.

2. Phobien. Auch hier wird man meist mit oberflächlicher Hypnose zu arbeiten genötigt sein, wird Erfolge haben, wenn man das psychische Gesamtbild berücksichtigt, doch wird bei schweren und schon seit langer Zeit bestehenden Fällen die Psychoanalyse von vornherein die Methode der Wahl sein. Nur ausnahmsweise wird man auch bei schweren Fällen den Versuch einer Hypnosebehandlung machen. Der Patient ist immer wieder in die angstgebende Situation hineinzutreiben. Kommt man mit oberflächlicher Hypnose nicht zum Ziel, so ist ein Versuch mit Schlafmittelhypnose gerechtfertigt. Diese Grundsätze gelten sowohl von Geh- und Brückenangst und ähnlichen Störungen als auch von Errötungsfurcht u. dgl. m.

3. Bei Zwangsneurosen ist die Psychoanalyse, wenn sie nur aus äußeren Gründen irgendwie durchführbar ist, die Methode der Wahl. Mittels der Hypnosebehandlung erzielt man nur bei sehr leichten Fällen Erfolge, deren Dauerhaftigkeit zu wünschen übrig läßt. Verhältnismäßig günstig für hypnotische Behandlung liegen jene nichtchronischen Fälle von Zwangsneurose, bei denen ohne starkes Hervortreten des Gesamtbildes zwangsneurotischer Charakterzüge die Zwangsneurose in Form eines Einzelsymptoms, von den übrigen seelischen Inhalten mehr oder minder isoliert, auftritt. Wir haben in mehreren derartigen Fällen von Zwangsneurose bei weiblichen Patienten, bei denen sich als Ersatzsymptom für Fehlen des Sexualverkehrs, dem sadistischen Grundcharakter der Zwangsneurose entsprechend, ihr verdrängtes Sexualverlangen in einen zwangsmäßig auftretenden Drang, Personen der Umgebung zu würgen, verwandelt hatte, mit gutem Erfolge und lange dauernden Remissionen Hypnosebehandlung durchgeführt. Auch hier hat natürlich regelmäßig analytisch orientierte Symptombesprechung, Rückführung desselben auf die verdrängte Sexualeinstellung voranzugehen.

4. Beschäftigungsneurosen und Tic. Zur Behandlung des Tics ist es zweckmäßig, sich zunächst der Methode von Brissaud, Meige und Feindel zu entsinnen. Sie besteht darin, daß der Patient angehalten wird, vor dem Spiegel die Unterdrückung des Tics zu erlernen. Er muß zunächst nur eine kurze Zeit vor dem Spiegel den Tic unterdrücken. Solche Übungen werden mehrmals während des Tages gemacht und man muß darauf bestehen, daß sie in der zunächst geforderten kurzen Zeit einwandfrei gelingen. Die Zeit der Unterdrückung des Tics vor dem Spiegel wird hierauf systematisch vergrößert. Von besonderer Wichtigkeit hierbei ist, daß das zuckende Gebiet von den Fingern des Tiqueurs berührt wird. Erst der sensible Reiz ermöglicht eine volle Aufmerksamkeitskonzentration auf das zuckende Gebiet. Häufig reicht man bei leichtern Fällen mit dieser Methode aus. Bei schwereren ist die Hypnose das souveräne Mittel. Tiefhypnose ist hier unbedingt erforderlich. Als besonders wirksam erweist sich hier die Schlafmittelhypnose. Es ist

wünschenswert, daß man den Tickranken im Anschluß an die Hypnose, sei diese nun eine Schlafmittelhypnose, oder erfolge sie ohne Schlafmittel, lange und ausgiebig schlafen läßt. Selbst in jenen Fällen, welche ohne Schlafmittel in Tiefhypnose gebracht werden können, verwenden wir bisweilen zur Verstärkung der Schlafwirkung Schlafmittel. Die Behandlung muß natürlich durch längere Zeit hin fortgesetzt werden. Mit dieser Behandlungsmethode hat KAUDERS sogar bei den Tics der Postencephalitiker wesentliche Besserungen, vorübergehend gänzliche Remissionen erzielen können. Daß sich bei Behandlung organischer und neurotischer Tics eine hypnotische .Dauerschlafbehandlung (Kombination von Hypnose, unterstützt durch gelegentliche Abgabe kleinerer Schlafmitteldosen), die man oft durch mehrere Tage andauern lassen kann, sehr bewährt, wurde bereits erwähnt.

Hier sind einige allgemeinere Bemerkungen am Platz. Es hat sich ja die Anschauung Bahn gebrochen, daß die Grenze zwischen psychogenen und organischen Tics nicht scharf zu ziehen sei (vgl. hierzu GERSTMANN und SCHILDER), und wir haben die Berechtigung, auch die psychogenen Tics zu dem striopallidären System in Beziehung zu setzen. Dieses scheint gegenüber psychischen Maßnahmen besonders leicht ansprechbar zu sein. Es erhebt sich also die Frage, ob nicht auch andere striopallidäre Symptome hypnotisch beeinflußbar wären. So hat REINHOLD die Mikrographie postencephalitischer Parkinsonismen hypnotisch beeinflußt, und es ist bekannt, daß auch die Akinesen auf psychischem Wege gut beeinflußbar sind. Leider ist jedoch die Wirkung der psychischen Behandlung in derartigen Fällen nur von ganz kurzer Dauer. Offenbar vermag der psychische Einfluß nicht dauernd gegen die organische Störung anzukämpfen. Bei einem von KAUDERS beobachteten Fall der Hypnosebehandlung eines postencephalitischen Tics bildete sich der komplex gebaute Tic der Gesichtsmuskulatur zunächst zu einem einfachen Blepharospasmus zurück, der schließlich unter weiterer Behandlung einer längeren völligen Remission wich. Beim Rezidivieren des Tics trat nur mehr der Blepharospasmus allein auf, auch dieser erwies sich auf Hypnose prompt, aber immer nur vorübergehend beeinflußbar. Jedenfalls bilden aber diese Beobachtungen einen Hinweis darauf, daß in der Hypnose auch organische Symptome beeinflußt werden können und daß die Beeinflußbarkeit in der Hypnose nicht ohne weiteres zur Differentialdiagnose zwischen einer funktionellen und organischen Störung herangezogen werden kann.

Beschäftigungsneurosen wird man nach ähnlichen Grundsätzen behandeln wie die Tics. Freilich handelt es sich beim Schreibkrampf unter Umständen um ein sehr hartnäckiges Leiden, dessen sichere Beeinflußbarkeit durch Hypnosetherapie man nicht ohne weiteres voraussagen kann.

5. Stottern ist wohl im ganzen unter ähnlichen Gesichtspunkten zu betrachten, wie die Tics. Das hysterische Stottern ist natürlich eine Gruppe für sich. Diese erweisen sich sehr leicht beeinflußbar, während die Fälle mit den typischen schweren Stottererscheinungen doch eine ernstere Bedeutung haben. Die Erscheinungen gehen hier zum mindesten zum Teil über das striopallidäre System. KRONFELD zieht die Hypnosetherapie der Übungsbehandlung vor. Unsere eigenen, in diesem Punkte nicht sehr zahlreichen Erfahrungen sind weniger günstig.

6. Die Hysterie in sämtlichen ihren Erscheinungen ist eine der dankbarsten Objekte hypnotischer Therapie. Das gilt zunächst von den groben motorischen Erscheinungen, sei es nun, daß es sich um Lähmungen, Astasie, Abasie, Mutismus, Aphonie, hysterische Contracturen handle. Auch die Reizerscheinungen in der Form von Schütteln, Krämpfen sind auf hypnotischem Wege meist leicht zu beeinflussen. Die Bemerkung ist vielleicht angezeigt, daß das Gefüge der Kriegs- und Unfallshysterien in der Mehrzahl der Fälle besonders primitiv zu sein pflegt, dementsprechend ist es hier leichter, Erfolge zu erzielen. Man darf aber aus diesen Erfahrungen nicht, wie wiederholt geschehen ist, eine Theorie der Hysterie im allgemeinen ableiten und das therapeutische Handeln schematisieren. Es ist gerade bei der Hysteriebehandlung besonders wichtig, daß man sich mit dem Seelenleben der Patienten auch wirklich in dem oben angegebenen Sinne beschäftige und zumindest einen oberflächlichen Einblick in das psychische Gefüge des Symptoms bekomme. Gerade hier ist die Forderung besonders dringend zu erheben, daß die Therapie eine durchaus individuelle sein müsse. Beobachtet man die im allgemeinen therapeutischen Teil gegebenen Richtlinien, so kann man nicht nur auf gute momentane Erfolge, sondern auch auf ausgezeichnete Dauererfolge rechnen. Eine tiefe Hypnose ist zur Behandlung der Hysterie keineswegs erforderlich und es ist auch nicht erwünscht, daß die tiefe Hypnose forciert werde. Wir verfügen über nach solchen Grundsätzen behandelte Hysteriefälle, welche trotz ungünstiger äußerer Verhältnisse nicht rückfällig geworden sind. Es ist selbstverständlich, daß auch bei hypnotischer Behandlung der Astasie, Abasie Übung und Ermunterung ständig einzugreifen haben. Bei Schlingbeschwerden, auch bei jenen, welche mit Kardiospasmus verbunden sind, wird man den Patienten zunächst in der Hypnose zum Schlucken anhalten müssen. Ist der erste Erfolg erreicht, so geht die Besserung dann meistens rapide vonstatten. Ähnlich geht man beim hysterischen Erbrechen vor. Patienten mit hysterischen Anfällen wird man nicht nur immer in die affekterzeugende Situation hineintreiben, sondern auch die affekterzeugende Situation in der Hypnose immer wieder nacherleben lassen, ein Verfahren, das sich uns auch bei anderen psychogenen Störungen sehr

bewährt hat. Da wir die Hypnose zur Charakterumgestaltung verwerten, so verlassen wir uns grundsätzlich nicht auf Suggestionen, welche der Patient amnesiert hat, und wir erachten eine Behandlung im allgemeinen erst dann als abgeschlossen, wenn sämtliche amnestische Lücken behoben sind. Wir vermeiden es streng, irgendwelche Teile der Behandlung amnesiert zu lassen.

Während eines Ausnahmezustandes ist Hypnose häufig nur schwer erzielbar. Manchmal gelingt es, Ausnahmszustände durch Hypnose zu coupieren. Im übrigen steht der hypnotischen Behandlung von Hysterien mit Ausnahmszuständen nichts hindernd im Wege. Fälle mit schweren Charakterveränderungen sollte man von vorn herein mit der regulären Technik der Analyse behandeln. Von der kathartischen Methode haben wir im allgemeinen weniger Günstiges gesehen als von der Methode der direkten Beeinflussung.

Es gibt Fälle, bei welchen die Hypnosetherapie versagt und auch eine Psychoanalyse nicht ohne weiteres durchführbar ist. Es sind das vorwiegend Fälle, bei welchen seit langer Zeit schwere Lähmungen bestehen. Hier hilft entweder gewaltsames Üben oder der faradische Strom. Wir pflegen bei solchen Behandlungen allerdings den Schmerz mehr als Drohung als in Form wirklicher Schmerzapplikation zu verwenden. Wir lassen den Schmerz nur kurze Zeit einwirken, stellen Besserung in Aussicht, lassen den Patienten sofort üben und fügen hinzu, daß dann, wenn die Besserung nicht eintrete, weitere Schmerzanwendung notwendig sein werde. Wir legen es durchaus nicht darauf an, das Verschwinden des Symptoms in einer Sitzung zu erzwingen, sondern geben sehr häufig Suggestionen, welche sich auf den nächsten Tag beziehen, in der Erwartung, daß im Schlaf eine günstige Weiterverarbeitung stattfinden werde. Diese kleine Modifikation erweist sich auch bei in der Hypnose gegebenen Suggestionen gelegentlich als wertvoll. Ist das Symptom auf diesem etwas gewaltsamen Wege zum Schwinden gebracht, so hat nun erst recht die rationelle Psychotherapie, der Versuch der Charakterumgestaltung, einzusetzen. Diese Methode ist selbstverständlich nur bei groben, äußerlich sichtbaren Erscheinungen anwendbar. Hartnäckige organneurotische Erscheinungen auf hysterischem Boden sind, wie auch KRONFELD hervorhebt, nicht immer leicht behebbar.

7. Zur Charakterveränderung und Charakterbeeinflussung eignet sich die Hypnose im allgemeinen wenig. Sie könnte höchstens als Brücke zu den ersten Beeinflussungen dienen, welche rasch abgebrochen werden muß. Hier tritt die Psychoanalyse oder die ADLERsche Individualpsychologie in ihre Rechte. Mit der Anerkennung der praktischen Brauchbarkeit der Individualpsychologie in einer Reihe von Fällen sagen wir zunächst nichts über den Wahrheitsgehalt der ADLERschen

Lehre aus. Die Untersuchung dieses Problems ist an dieser Stelle nicht möglich. Hiermit haben wir auch gleichzeitig ausgesprochen, daß die Verwendung der Hypnose für pädagogische Zwecke nur ausnahmsweise in Betracht kommen dürfte. Auch hier wird es dann wesentlich sein, daß die Bindung an den Hypnotiseur rechtzeitig gelöst werde und daß so suggeriert werde, daß die Suggestion nicht äußerlich hafte, sondern organisch in die Gesamtpersönlichkeit verwoben werde.

An den Hypnotiseur wird häufig die Anforderung gestellt, er solle Personen von ihrer Liebesleidenschaft befreien u. dgl. m. Ein derartiger Versuch ist von vorn herein nur auf den ausdrücklichen Wunsch der betreffenden Person zulässig. Im allgemeinen wird man sich aber hüten müssen, plump in das Seelenleben der Hypnotisierten hineinzupfuschen. Auch hier wird man sich in das individuelle Seelenleben der betreffenden Person vertiefen müssen, die Bindungen der übergroßen Fixierungen an eine Person aufzudecken trachten, und sehr häufig wird die Hypnose als solche dann überhaupt überflüssig werden. Betonen wir an dieser Stelle nochmals, daß die Hypnose immer nur technisches Hilfsmittel der Psychotherapie ist, ein Hilfsmittel, das bequem und wirksam ist, das aber in einer Anzahl von Fällen durch andere technische Hilfsmittel ersetzt werden kann.

8. Süchtigkeit. Forel berichtet, daß er mittels Hypnose beim Alkoholismus günstige Erfolge erzielt hat. Ähnlich Haupt. Wir selbst verfügen nicht über entsprechende Erfahrungen. Im allgemeinen halten wir es für angezeigt, auch beim Alkoholiker die Entziehung durch äußere Mittel zu sichern.

Den Versuch, Morphinisten das Morphium, Cocainisten das Cocain lediglich durch Hypnose zu entziehen, halten wir für wenig Erfolg versprechend. In Einzelfällen mag er gelingen. Im allgemeinen halten wir es für erforderlich, den Morphinisten und Cocainisten zur Entziehung zu internieren. Ohne das Thema im einzelnen erschöpfend darzustellen, empfehlen wir, das Morphium nicht plötzlich vollständig zu entziehen, sondern etwa im Verlauf von 5—6 Tagen. Treten bedrohliche Erscheinungen auf, so wird man unbedenklich die Entziehung noch etwas verlangsamen. Hohe Veronaldosen während der Entziehung, etwa vom 3. Tage angefangen, haben sich als brauchbar erwiesen. Die Abstinenzbeschwerden der Morphinisten reagieren auf Hypnose oft außerordentlich günstig. Man sollte die Entziehung stets durch Hypnose zu erleichtern trachten. Im allgemeinen sind die Süchtigen unmittelbar nach der Entziehung besonders leicht hypnotisabel, ein Faktum, das aus theoretischen Gründen von Interesse ist. Haben es doch neuere Untersuchungen (Wuth) wahrscheinlich gemacht, daß ein Reizzustand im sympathisch-parasympathischen System die Abstinenzbeschwerden hervorruft. Die besondere Beeinflußbarkeit in der Abstinenzphase fügt sich gut unseren allgemeinen theoretischen Anschauungen ein. Hat man in der Abstinenzphase mit der Hypnose begonnen, so setzt man zweckmäßig die Hypnosebehandlung fort, um den Abstinenzwillen des Patienten zu stärken. Individuelle Vertiefung in die Gründe der Süchtigkeit ist auch hier erwünscht. Freilich sichert nach unseren Erfahrungen auch dieses Verfahren den Süchtigen keineswegs immer gegen Rückfälle.

Allzu langes Verweilen in der Anstalt nach der Entziehung halten wir nicht für erwünscht. Im allgemeinen erscheinen uns 3—4 Wochen als ausreichend, vorausgesetzt, daß der Patient ohne Zuhilfenahme von Schlafmitteln schläft.

Die Entziehung von Schnupfcocainismus macht im allgemeinen nur geringe Abstinenzbeschwerden, doch ist die Gefahr der Rückfälle besonders groß. Über Entwöhnung von Nicotin fehlen uns eigene Erfahrungen, Hypnose kann sie wohl erleichtern. Zur Entwöhnung von Süchtigen ist tiefe Hypnose wohl unbedingt erforderlich.

9. Zur Behandlung der Perversionen ist die Hypnose in den meisten Fällen nicht hinreichend. Sofern man überhaupt eine psychische Behandlung für Erfolg versprechend hält, ist Psychoanalyse anzuwenden. Das gilt auch besonders von der Homosexualität. Nur SCHRENK-NOTZING gibt an, mittels der Hypnose Erfolge erzielt zu haben. Wir betonen wieder, daß es niemals Aufgabe des Hypnotherapeuten sein kann, unorganisch dem Seelenleben des Patienten etwas einzupfropfen. Er wird unter Umständen auf mögliche Erfolge dann verzichten, wenn er nicht Aussicht hat, das Seelenleben des Patienten einheitlich umzugestalten.

10. Behandlung von Potenzstörungen ist ein wichtiges Teilgebiet der Hypnosetherapie. Die vaginale Anästhesie der Frau kann gelegentlich durch Hypnosebehandlung sehr günstig beeinflußt werden. Eine Reihe von Fällen trotzt allerdings der Hypnosebehandlung. Man vergesse nie, den psychischen Ursachen der vaginalen Anästhesie nachzugehen. Das gleiche gilt vom Vaginismus. Man vernachlässige hierbei nicht die körperliche Untersuchung, welche unter Umständen anatomische Anomalien aufdeckt, die die Kohabitation erschweren oder unmöglich machen.

Auch bei der Impotenz des Mannes hat selbstverständlich eine körperliche Untersuchung zu erfolgen, doch wird man in der überwiegenden Mehrzahl der Fälle keinen lokalen Befund finden. Dementsprechend kommt die lokale Behandlung im wesentlichen nur als Suggestivmittel in Frage. Man wird auch die Bedeutung der Allgemeinleiden für die Potenzstörungen nicht überschätzen dürfen. Es ist selbstverständlich, daß eine Dystrophia adiposogenitalis, ein schwerer Diabetes, eine schwere Tabes oder das vorgeschrittene Senium eine Impotenz setzen. Aber selbst das grobe organische Leiden schwächt sehr häufig nur die

Potenz und die Erscheinungsweise der Potenzstörung ist sehr häufig nur von den psychischen Faktoren abhängig. Das gilt insbesondere von den Potenzstörungen des Seniums. Selbst in Fällen von scheinbar organischen Potenzstörungen bringt die Psychotherapie häufig noch Erfolg. Eine rationelle Psychotherapie der Impotenz muß selbstverständlich den psychischen Ursachen nachgehen, welche die Impotenz bedingt haben. Diese können sehr verschiedener Art sein. Sehr häufig steckt eine Perversion hinter der Impotenz. Eine primitive infantile Sexualität verzichtet auf das normale Sexualziel. Die Störungen liegen gelegentlich im Bereiche des Ödipuskomplexes, vielfach in noch primitiveren Schichten. Eingehende, analytisch orientierte Vorbesprechungen sind in jedem Falle erforderlich. In schweren Fällen ist Psychoanalyse notwendig. Für die leichten und mittelschweren ist Hypnose, die nicht immer tief zu sein braucht, ein vorzügliches Hilfsmittel. Im allgemeinen geben jene Fälle eine günstigere Prognose, bei denen die normale Geschlechtsbetätigung wenigstens vorübergehend früher einmal erreicht war. Schwierig sind jene, welche das 30. Lebensjahr ohne entsprechende Sexualbetätigung überschritten haben. Liegt eine Perversion oder Neurose (Angstneurose!) zugrunde, so hängt der Erfolg von der Beeinflussung des Grundleidens ab. Bei den leichten Fällen, etwa bei denen, welche nur gegenüber bestimmten Objekten, etwa wertvollen Liebesobjekten, versagen, führt rationelle Psychotherapie meist rasch zum Ziel. Medikamentöse Unterstützung kann vorteilhaft sein. Man kann die Angst durch Brom abdämpfen, doch muß man sich darüber klar sein, daß dieses Mittel ebenso wie die Beseitigung von Hemmungen durch Alkohol doch nur bei leichteren Fällen angezeigt ist. Bei schwereren verzichtet man zweckmäßig auf derartige Hilfsmittel. Unterstützung der Psychotherapie durch hormonale Präparate ist nicht nur zulässig, sondern sogar zweckmäßig. Gelegentlich ist auch Yohimbim von Vorteil. Man darf jedoch nie vergessen, daß alle diese Medikamente nur die Vorbedingungen für den Geschlechtsakt verbessern, daß das Hauptgewicht der Behandlung immer wieder darauf zu legen ist, den Patienten in- und außerhalb der Hypnose zur richtigen Einstellung gegenüber seiner Sexualität zu bringen. Sexualhemmungen haben den Patienten sehr häufig dazu gebracht, daß er über die Anatomie des weiblichen Genitales unorientiert ist. Sachliche Belehrung ist hier oft unumgänglich notwendig. Kleine technische Ratschläge nützen dem Patienten oft außerordentlich. Vielfach wird besonders dem an Ejaculatio-praecox-Kranken Fernhalten von sexueller Betätigung empfohlen. Im ganzen soll man aber nicht vergessen, daß vom Standpunkt der Impotenzbehandlung aus allzu lange Abstinenz keineswegs nützlich ist. Man wird den Patienten das Verbot, sexuell zu verkehren, nur dann geben, wenn man erwartet, daß er es durchbrechen werde. Die Bedingungen sind für den Patienten dann insofern günstig, als er nicht unter dem Eindruck einer bestimmten Aufgabe steht, was ja stets zu vermeiden ist. Im allgemeinen hat der Impotente nur allzusehr die Neigung, den Versuch der Sexualbetätigung einzustellen. Man muß ihn dann zu solchen Versuchen zwingen. Man wird sich dabei aber stets vor Augen halten müssen, daß der Arzt die Empfehlung zum außerehelichen Geschlechtsverkehr auch dem Manne nur dann geben wird, wenn zwingende Gründe vorhanden sind und wenn der Patient mit den möglichen Konsequenzen vertraut ist. Einen Ehekonsens vor völliger Wiederherstellung der Potenz zu geben, ist unstatthaft. Wenn wir diese aphoristischen Bemerkungen in bezug auf die Impotenzbehandlung hinzugefügt haben, so soll hiermit nur zum Ausdruck gebracht werden, wie ungenügend etwa eine mechanisch gegebene Suggestion in der Impotenzbehandlung wäre. Hier muß noch einmal besonders betont werden, daß die Hypnose nur ein technisches Mittel im Rahmen der psychischen Behandlung darstellt.

11. Die Enuresis nocturna kann durch Hypnose sehr häufig günstig beeinflußt werden. Man kann entweder die Suggestion so formulieren, daß man durch die Hypnose den Patienten zum regelmäßigen Wachwerden erzieht, oder man kann ihn darauf einstellen, bei dem geringsten Harndrang sofort zu erwachen. Nicht alle Fälle reagieren auf hypnotische Behandlung.

D. Die Hypnose bei Psychosen.

Einige Bemerkungen über Hypnosen bei Psychosen seien angefügt, obwohl die Hypnose bei Psychosen mehr theoretisches als praktisches Interesse bietet. Daß psychogene Depressionen auf eine psychische Behandlung reagieren, ist selbstverständlich und bedarf wohl keiner eingehenden Begründung. Aber die Grenze zwischen den endogenen und reaktiven Depressionen ist keine scharfe, und man wird den Versuch einer Hypnosebehandlung auch dann nicht scheuen, wenn es sich um leichte zirkuläre Störungen handelt. Wir haben nicht nur gelegentlich symptomatische Beruhigungen gesehen, sondern auch Unterbrechung der Krankheit, eine Unterbrechung, die freilich nicht vor Rezidiven schützt. Ist ein Erfolg erzielbar, so tritt dieser meistens bald zutage, und es empfiehlt sich nicht, den Versuch der Hypnosebehandlung über 3—5 Sitzungen hinaus zu erstrecken, wenn nicht eine entscheidende Besserung eintritt. Bei schweren Melancholien wird man von vornherein auf derartige Behandlungsversuche verzichten. Im ganzen muß man sich darüber klar sein, daß die Hypnosebehandlung von Depressionen nur in einer geringen Anzahl von Fällen Erfolg verspricht. Die Hypnose bleibt meistens eine oberflächliche, man forciere die Vertiefung nicht, da derartige Patienten sehr häufig auch gegenüber Schlafmittelhypnosen refraktär sind.

Bei Schizophrenie und Paraphrenie wird man im allgemeinen Hypnose nicht anwenden. Eine Ausnahme bilden nur jene Schizophreniefälle, die unter dem Bilde der Neurose beginnen. Meist wird man aber auch hier andere Wege der Psychotherapie mit größerem Erfolg einschlagen können[1]).

Kauders hat bei deliranten Zuständen verblüffende Ruhigstellungen und Tiefschlaf durch Hypnose erzielt und zwar beim Delirium tremens und bei der hyperkinetischen Encephalitis. Das theoretisch interessante Faktum hat keine wesentliche praktische Bedeutung. Auch die von Hartmann und Schilder hervorgehobene Erscheinung, daß mit Schlafmittelhypnosen bei Paralytikern weitgehende optische Suggestibilität erreicht werden kann, während Amnesie und motorische Erscheinungen zu fehlen pflegen, ist lediglich von theoretischer Bedeutung.

Überblicken wir noch einmal das über die therapeutische Bewertung der Hypnose Gesagte, so sehen wir, daß wir es zwar nicht mit einem unfehlbar wirkenden Zaubermittel zu tun haben, wohl aber mit einem sehr wertvollen technischen Hilfsmittel, das, richtig gehandhabt, völlig gefahrlos ist. Man darf freilich nicht den Hypnotisierten in der Hypnose mit mehr oder minder sinnlosen Experimenten quälen und wird dann keinen Anlaß haben, das Wort Meynerts zu wiederholen, die Hypnose sei ein würdeloses Schauspiel.

---

[1]) Breuking berichtet über Erfolge bei der Behandlung (schizophrener!) Psychosen mit katarthischen Hypnosen. Doch ist uns die Arbeit leider im Original nicht zugänglich.

Literaturverzeichnis.

Ausführliche Literaturangaben, besonders in bezug auf die ältere Literatur, finden sich in den Büchern von:

MOLL: Der Hypnotismus, V. Aufl. Berlin 1924.

FOREL: Der Hypnotismus, 10. und 11. Aufl. 1921.

Zusammenfassende Darstellungen geben ferner:

HIRSCHLAFF: Hypnotismus und Suggestivtherapie, 2. Aufl. Leipzig.

TRÖMNER: Aus Natur- und Geisteswelt: Hypnotismus und Suggestion, 4. Aufl. 1922.

BOSTROEM: Hypnose, in Abderhaldens Handbuch der biologischen Arbeitsmethoden.

Von den älteren Arbeiten ist die zusammenfassende Arbeit von O. VOGT zu erwähnen: Zeitschr. f. Hypnotismus Bd. 93.

Über den Zusammenhang zwischen Physisch und Psychisch ist das Buch von O. SCHWARZ: Psychogenese und Psychotherapie körperlicher Symptome, Wien 1925, ein verläßlicher Führer.

Ferner die Lehrbücher der Psychotherapie von I. H. SCHULTZ und KRONFELD.

ADLERSBERG und PORGES: Die neurotische Atmungstetanie. Wien. Arch. f. inn. Med. Bd. 8. 1924.

ALRUTZ: Problems of hypnotism. Soc. for psychical research, Teil 83, Bd. 32.

ASTRUCK: Über psychische Beeinflussung von Atmung und Puls in der Hypnose. Arch. f. d. ges. Psychol. Bd. 45.

BAUDOUIN: Suggestion und Autosuggestion. Dresden: Sybillenverlag 1922.

BEZZOLA: Zur Analyse psychotraumatischer Symptome. Journ. f. Psychol. u. Neurol. Bd. 8. 1907.

BICKEL: Die wechselseitige Beeinflussung zwischen psychischem Geschehen und Blutdruck. Leipzig: Veit 1916.

BJERRE: zitiert nach FERENCZI.

BONHOEFFER: Ein Beitrag zur Kenntnis epileptischer Bewußtseinsstörungen mit erhaltener Erinnerung. Zeitschr. f. d. ges. Neurol. u. Psychiatrie 1900, S. 577.

BRAUN, L.: in SCHWARZ: Psychogenese usw.

BREUER und FREUD: Studien über Hysterie, 2. Aufl. 1909.

BREUKING: Über die Behandlung von Psychosen mit Hypnose. Niederl. Zeitschr. f. Heilk. Bd. 67. 1923 (Referat).

BRODMANN: Experimenteller und klinischer Beitrag zur Psychopathologie der Korsakoffschen Psychose. Journ. f. Neurol. u. Psychiatrie Bd. 1 und 3.

BUNNEMANN: Neuer Beitrag zur Psychogenese der Hautsymptome. Zeitschr. f. d. ges. Neurol. u. Psychiatrie Bd. 88. 1924; vgl. auch Bd. 78.

— Therapie der Gegenwart. 1921.

CANNON: Emotional stimulation of adrenal Secretion. Americ. journ. of physiol. Bd. 27.

COUÉ: Selbstbemeisterung. Basel: Schwabe 1924.

DELBOEUF: Die verbrecherische Suggestion. Zeitschr. f. Hypnotismus Bd. 2. 1893/94.

DRESEL: Erkrankungen des vegetativen Nervensystems. In KRAUS und BRUGSCH Bd. 10. 1923.

ECONOMO: Encephalitis lethargica. Kongr.-Ber. d. Kongr. f. inn. Med. Wien 1922.
— Die Pathologie des Schlafes. In Handb. d. normalen und pathologischen Physiologie Bd. 17. Berlin: Julius Springer 1926.
— Encephalitis lethargica. Jahrb. d. Psychiatrie u. Neurol. 1917.
EHRENWALD: Versuche über Zeitauffassung des Unbewußten. Arch. f. Psychol. Bd. 45. 1923.
EICHELBERG: Durch Hypnose erzeugtes hysterisches Fieber. Dtsch. Zeitschr. f. Nervenheilk. Bd. 68/69.
FEDERN: Wien. klin. Wochenschr. Bd. 32, S. 1242. 1919.
FERENCZI: Introjektion und Übertragung. Jahrb. f. Psychoanalyse. Bd. 1. 1909.
— Stufen des Wirklichkeitssinnes. Internat. Zeitschr. f. Psychoanalyse Bd. 1. 1911.
FLATAU: Kursus der Psychotherapie und des Hypnotismus. Berlin: Karger 1918.
FRANK: Affektstörungen. Berlin: Julius Springer 1913.
FREUD: Massenpsychologie und Ichanalyse. Das Ich und das Es. 1921.
FRIEDLÄNDER: Hypnose und Rechtspflege. Zeitschr. f. d. ges. Neurol. u. Psychiatrie Bd. 84. 1923.
— Hypnose und Hypnonarkose. Stuttgart 1920.
FRIEDRICHS: Kleine Schriften zur Seelenforschung, hrsg. v. KRONFELD. Zur Psychologie der Hypnose und der Suggsetion. Stuttgart 1922.
FRÖHLICH und MEYER: Arch. f. exp. Pathol. u. Pharmakol. Bd. 87. 1920.
GERSTMANN und SCHILDER: Organisch bedingte Tics. Med. Klinik 1923.
GLASER: Psychische Beeinflussung des Blutserumkalkes. Klin. Wochenschr. Bd. 3. 1924.
GRAETER: Zeitschr. f. Hypnotismus Bd. 8, zit. nach FOREL.
GRAFE und MEYER: Über den Einfluß der Affekte auf den Gesamtstoffwechsel. Zeitschr. f. d. ges. Neurol. u. Psychiatrie Bd. 86. 1923.
GRAFE und TRAUMANN: Der Gesamtumsatz bei hypnotisch erzeugter Muskelstarre. Dtsch. Zeitschr. f. Nervenheilk. Bd. 79. 1923.
GREGOR: Beitrag zur Psychopathologie des Gedächtnisses. Monatsschr. f. Psychiatrie u. Neurol. Bd. 25. 1909.
— Die hautelektrischen Erscheinungen und ihre Beziehungen zum Bewußtseinsprozeß. Arch. f. d. ges. Psychol. Bd. 27. 1913.
HAENEL und BIELSCHOFSKY: Paramyoklonus usw. Journ. f. Psychol. u. Neurol. Bd. 21. 1915.
HALLAUER: Zentralbl. f. Gynäkol. Bd. 46. 1922.
HARTMANN und BETLHEIM: Über Fehlreaktionen bei der Korsakowschen Psychose. Arch. f. Psych. Bd. 72. 1924.
HARTMANN und SCHILDER: Hypnoseversuche an Paralytikern. Jahrb. f. Psychiatrie u. Neurol. 1925.
HAUPT: Die hypnotisch suggestive Behandlung Alkoholkranker. Alkoholfrage Bd. 19. 1923.
HEILIG und HOFF: Beiträge zur hypnotischen Beeinflussung der Magenfunktion. Med. Klinik 1925, Nr. 5.
— Dtsch. med. Wochenschr. 1825.
HELLER und SCHULTZ: Über einen Fall hypnotisch erzeugter Blasenbildung. Münch. med. Wochenschr. 1909.
HEYER: Arch. f. Verdauungskrankh. Bd. 27. 1920.
— Ebenda Bd. 29. 1921.
— Klin. Wochenschr. Bd. 2. 1923.
— Das körperlich-seelische Zusammenarbeiten in den Lebensvorgängen. Grenzfragen des Nerven- u. Seelenlebens. 1925.
HEYMONS: Biologische Beobachtungen an Solifugen. Anh. Abh. Akad. d. Wiss. Berlin 1901.

HOMBURGER: Zur Gestaltung der Motorik. Zeitschr. f. d. ges. Neurol. u. Psychiatrie Bd. 85. 1923.

HOFF und SCHILDER: Über Lage- und Stellreflexe beim Menschen. Dtsch. med. Wochenschr. 1925.

JAKOBI: Forensische Geständnisse in der Hypnose. Dtsch. Zeitschr. f. d. ges. gerichtl. Med. Bd. 2. 1923.

DE JONGH: Klin. Wochenschr. 1923.

KAPLAN: Hypnotismus, Animismus und Psychoanalyse. Deuticke 1917.

KARPLUS und KREIDL: Gehirn und Sympathicus. Pflügers Arch. f. d. ges. Physiol. Bd. 128 und 135.

KAUDERS: Hysterische Zustände unter dem Bilde des postencephalitischen Parkinsonismus. Med. Klinik 1923, Nr. 1.

— Encephalitis epidemica acuta, Delirium tremens und Hypnose. Arch. f. Psychiatrie Bd. 72, 1924.

KAUFFMANN: Suggestion und Hypnose. 2. Aufl. Berlin 1922.

KLÄSI: Über die therapeutische Anwendung des Dauerschlafes mit Somnifen bei Schizophrenie. Zeitschr. f. d. ges. Neurol. u. Psychiatrie Bd. 74. 1922.

KNAUER und BILLIGHEIMER: Zeitschr. f. d. ges. Neurol. u. Psychiatr. Bd. 50. 1919.

KOGERER: Der Fall Marie D. Wien. med. Wochenschr. Bd. 50. 1920 und 1921, Nr. 17, 18, 19.

— Die posthypnotische Geburtsanalgesie. Wien. klin. Wochenschr. 1923, Nr. 23, 24, 25.

KRAUS: Vegetatives System und Individualität. Med. Klinik Bd. 18. 1922.

KREIBICH: Kongr. d. deutschen gynäkol. Gesellsch., Bern 1908.

— Über nervöse Überempfindlichkeit der Haut. Arch. f. Dermatol. u. Syphilis Bd. 93. 1908.

KRONFELD: Psychotherapie. II. Aufl. 1925.

KÜPPERS: Zeitschr. f. d. ges. Neurol. u. Psychiatrie Bd. 75, 78, 83, 86.

— Die Deutung der plethysmographischen Kurve. Zeitschr. f. Psychol. u. Physiol, d. Sinnesorg. Bd. 81.

LANDAUER: Handlungen des Schlafenden. Zeitschr. f. d. ges. Neurol. u. Psychiatrie Bd. 39. 1918.

LEIDLER und LOEWY: Der Schwindel bei Neurosen. Monatsschr. f. Ohrenheilk. u. Laryngo-Rhinol. 1923, Nr. 57.

LEWINGER: Kritische Untersuchung zur Frage der induzierten Tonusveränderung beim Menschen. Dtsch. Zeitschr. f. Nervenheilk. Bd. 82. 1924.

LEWY, F. H.: Die Lehre vom Tonus und von der Bewegung. Monogr. a. d. Gesamtgeb. d. Neurol. u. Psychiatrie 1923, H. 34.

LEYSER: Über die hirnphysiologischen Grundlagen psychogener Bewegungsstörungen. Zeitschr. f. d. ges. Neurol. u. Psychiatrie Bd. 94. 1924.

— Schlaf und Stupor. Journ. f. Psychol. u. Neurol. Bd. 30. 1924.

LICHTENSTERN: Über die zentrale Blaseninnervation. Wien. klin. Wochenschr. 1912.

LIÉBAULT: Kriminelle hypnotische Suggestionen. Zeitschr. f. Hypnotismus Bd. 3. 1894/95.

LIÉGEOIS: De la suggestion et du somnambulisme, dans leurs rapports avec la jurisprudence et la médecine légale. 1888.

LIEPMANN: Gynäkologische Psychotherapie. Berlin: Urban & Schwarzenberg 1924.

LILIENTHAL: Der Hypnotismus und das Strafrecht. Zeitschr. f. d. ges. Strafrechtswiss.

LIPPS: Zur Psychologie der Suggestion.

LOEWY: Die Beziehung zwischen Psyche und Statik. Zeitschr. f. d. ges. Neurol. u. Psychiatrie Bd. 65. 1921.

LUKSCH: Über das Schlafzentrum. Zeitschr. f. d. ges. Neurol. u. Psychiatrie Bd. 93. 1924.
MANGOLD: Hypnose und Katalepsie bei Tieren im Vergleich zur menschlichen Hypnose. Jena 1914.
— Egebn. d. Physiol. Bd. 18. 1920.
MAYER, A.: Psychogene Störungen der weiblichen Sexualfunktionen in SCHWARZ: Psychogenese (daselbst ausführliche Literatur).
MEIGE und FEINDEL: Der Tic, sein Wesen und seine Behandlung. Übers. v. Giese. Wien: Deuticke 1903.
MÜLLER, L. R.: Die Lebensnerven, 2. Aufl. Berlin: Julius Springer 1924.
MÜLLER und GREVING: Über Aufbau und die Leistung des Zwischenhirns und seine Erkrankungen. Med. Klinik Bd. 21. 1925.
MURALT: Zeitschr. f. Hypnotismus Bd. 10.
PARRISIUS: Capillarstudien bei Neurosen. Dtsch. Zeitschr. f. Nervenheilk. Bd. 72. 1921.
PETTE: Dtsch. Zeitschr. f. Nervenheilk. Bd. 76. 1923.
RAIMANN: Über Glykosurie und alimentäre Glykosurie bei Geisteskranken. Zeitschr. f. Heilk., Abt. f. inn. Med. Bd. 23. 1901.
REHN: Myoelektrische Untersuchungen bei hypnotischer Katalepsie. Klin. Wochenschr. Bd. 1. 1922.
RICKLIN: Journ. f. Psychol. u. Neurol. Bd. 1 und 2.
RIGHETTI: Riv. di pat. nervos e mental (nach Referat).
SCHILDER: Zur Lehre von der Somnambulhypnose. Med. Klinik 1924, Nr. 25.
— Schädigung durch Hypnose. Wien. klin. Wochenschr. Bd. 33. 1920.
— Medizinische Psychologie. Berlin: Julius Springer 1924.
— Vorstudien zu einer Psychologie der Manie. Zeitschr. f. d. ges. Neurol. u. Psychiatrie Bd. 68. 1921.
— Über das Wesen der Hypnose, 2. Aufl. Berlin 1922.
— Der Ichkreis. Zeitschr. f. d. ges. Neurol. u. Psychiatrie Bd. 92. 1924.
— Zur Lehre von den Amnesien Epileptischer, zur Lehre von der Schlafmittelhypnose und vom Gedächtnis. Arch. f. Psych. Bd. 72. 1924.
— Quellgebiete der psychischen Energie. Arch. f. Psych. 1923.
— und J. BAUER: Über einige psychophysiologische Mechanismen funktioneller Neurosen. Dtsch. Zeitschr. f. Nervenheilk. Bd. 64. 1919.
SCHJELDERUP-EBBE: Beiträge zur Sozialpsychologie des Haushuhns. Anhang: KATZ: Tierpsychol. u. Soziol. des Menschen. Zeitschr. f. Psychol. Bd. 88. 1922.
SCHRENK-NOTZING: Die gerichtlich-medizinische Bedeutung der Suggestion. Arch. f. Kriminalanthropol. u. Kriminalistik 1900.
SCHROTTENBACH: Studien über den Einfluß der Großhirntätigkeit auf die Magensaftsekretion. Zeitschr. f. d. ges. Neurol. u. Psychiatrie Bd. 69. 1921.
SCHULTZ, J. H.: Über Schichtenbildung im hypnotischen Selbstbeobachten. Monatsschr. f. Psychiatrie u. Neurol. Bd. 49. 1921.
— Seelische Krankenbehandlung, 2. Aufl.
— Zeitschr. f. d. ges. Neurol. u. Psychiatrie Bd. 89. 1924.
— Schädigungen durch Hypnose. Halle: Marhold.
SCHWARZ, O.: Psychogenese organischer Symptome. Wien: Springer 1925.
SEROG: Die Suggestion, ihr Wesen und ihre experimentelle Untersuchung. Zeitschr. f. d. ges. Neurol. u. Psychiatrie Bd. 88. 1924.
SPIEGEL und GOLDBLOM: Die Körperhaltung im Zustand der sogenannten Hypnose der Säugetiere. Pflügers Arch. f. d. ges. Physiol. Bd. 207. 1925.
STERN: Zur Frage der psychogenen Dermatosen. Zeitschr. f. d. ges. Neurol. u. Psychiatrie Bd. 79.
STRAUSS: Wesen und Vorgang der Suggestion. Berlin: Karger 1925.

TRÖMNER: Das Problem des Schlafes. Grenzfragen des Nerven- und Seelenlebens 1922, H. 84.
VERWORN: Beiträge zur Physiologie des Zentralnervensystems. Die sogenannte Hypnose der Tiere. Jena 1898.
VOGT: Zeitschr. f. Hypnotismus Bd. 3/4. 1895/96. Zur Kenntnis des Wesens und der psychologischen Bedeutung des Hypnotismus.
VORKASTNER: Arch. f. Psych. 1925.
WAGNER-JAUREGG: Über Suggestion, Hypnose und Telepathie. Wien 1919.
WEBER: Der Einfluß psychischer Vorgänge auf den Körper, besonders auf die Blutverteilung. Berlin: Julius Springer 1910.
WEINBERG: Psyche und willkürliches Nervensystem. Zeitschr. f. d. ges. Neurol. u. Psychiatrie Bd. 24, Nr. 85, 86, 93. 1923.
WETTERSTRAND: Die Behandlung des chronischen Morphinismus. Zeitschr. f. Hypnotismus Bd. 4. 1896.
WUTH: Über Probleme des Morphinismus. Zeitschr. f. d. ges. Neurol. u. Psychiatrie Bd. 96. 1925.

Druck der Spamerschen Buchdruckerei in Leipzig.

Medizinische Psychologie für Ärzte und Psychologen. Von **Paul Schilder,** Professor, Dr. med. et phil., Assistent der Psychiatrischen Klinik in Wien. Mit 9 Textabbildungen. (374 S.) 1924.
12 Reichsmark; gebunden 13.20 Reichsmark

Aus dem Inhalt: I. Einleitung. II. Die Lehre von der Wahrnehmung. 1. Wahrnehmungen und Vorstellungen. 2. Die optischen Wahrnehmungen. 3. Akustische Wahrnehmungen. 4. Tastwahrnehmung und Kinästhesie. III. Handlung und Sprache. 1. Die Handlung. 2. Die Sprache. 3. Bewegungs- und Sprachstörungen bei Geisteskranken und zur Frage der psychischen Energie. IV. Das Gedächtnis. 1. Einprägung, Erlernen, Assoziation. 2. Wiedererkennen, Erinnern, Vergessen. 3. Psychische Übungsphänomene. V. Das Triebleben, der Wille und das Handeln. 1. Allgemeines über Trieb und Willen. 2. Die Sexualität und Partialtriebe der Sexualität. 3. Die Ichtriebe. 4. Die Verdrängung und die Wiederkehr des Verdrängten. 5. Die Symbolik. 6. Die psychische Energie und der Wirkungswert. 7. Umsetzungen der Triebenergien. 8. Die Regression. 9. Der Traum. 10. Das Denken. 11. Die Hypnose. 12. Das Unbewußte. 13. Zur Pathologie des Denkvorganges. 14. Die Gefühle. VI. Ich und Persönlichkeit. 1. Zur Phänomenologie des Icherlebens. 2. Die Depersonalisation. 3. Das Zeiterlebnis. 4. Die Persönlichkeit. 5. Die Stellungnahme zur eigenen Krankheit. 6. Allgemeineres. Die Erkenntnis der fremden Persönlichkeit. 7. Die Genialen und ihr Schaffen. VII. Affekte und Erlebnisse. 1. Liebe und Erotik. 2. Die soziale Struktur. 3. Affekte. 4. Zur Psychologie der Religion. 5. Zur Psychologie der Ästhetik. 6. Der Arzt und die Psychologie. Literaturverzeichnis. Sachverzeichnis.

Seele und Leben. Grundsätzliches zur Psychologie der Schizophrenie und Paraphrenie, zur Psychoanalyse und zur Psychologie überhaupt. Von **Paul Schilder,** Professor, Dr. med. et phil., Assistent der Psychiatrischen Klinik in Wien. Mit 1 Abbildung. (204 S.) 1923. 9.70 Reichsmark

Inhaltsverzeichnis: Einleitung. — A. Ziel und Methode. — B. Phänomenologie und Psychoanalyse. I. Über Begriffe und Sätze. II. Körper und Welt. III. Ethos und Neurose. IV. Zur Psychologie der Schizophrenie. V. Zur Psychoanalyse, Ergänzungen und Zusätze. — Schlußwort.

(Bildet Band 35 der „Monographien aus dem Gesamtgebiete der Neurologie und Psychiatrie".)

Die Bezieher der „Zeitschrift für die gesamte Neurologie und Psychiatrie" und des „Zentralblattes für die gesamte Neurologie und Psychiatrie" erhalten die Monographien mit einem Nachlaß von 10%.

Das Körperschema. Ein Beitrag zur Lehre vom Bewußtsein des eigenen Körpers. Von **Paul Schilder,** Professor, Dr. med. et phil., Assistent der Psychiatrischen Klinik in Wien. (96 S.) 1923. 3.50 Reichsmark

Aus dem Inhalt: Einleitung. I. Alloästhesie und Allochirie. II. Das Körperschema der Amputierten. III. Die Autotopagnosie (Pick) und ihre Beziehung zur Praxis. IV. Die Verwertung des Körperschemas in der Praxis und die Rechts- und Linkswahl beim Handeln. V. Folgerungen und Ausblicke. Anhang. Über die Wahrnehmung der Bewegung durch die Haut. Literaturnachweis.

Über das Wesen der Hypnose. Von **Paul Schilder,** Professor, Dr. med. et phil., Assistent der Psychiatrischen Klinik in Wien. Zweite, durchgesehene Auflage. (36 S.) 1922. 1.20 Reichsmark

Inhaltsverzeichnis: I. Vorstellung und Wahrnehmung. II. Die körperlichen Grundlagen der Hypnose. III. Der Bewußtseinszustand der Hypnotisierten. Gedächtnis und Hypnose. IV. Die psychische Haltung des Hypnotisierten. V. Der Hypnotiseur. Anmerkungen und Zusätze.

Psychopathologische Dokumente. Selbstbekenntnisse und Fremdzeugnisse aus dem seelischen Grenzlande. Von **Karl Birnbaum.** (334 S.) 1920. 8 Reichsmark

Der Aufbau der Psychose. Grundzüge der psychiatrischen Strukturanalyse. Von Dr. **Karl Birnbaum,** Privatdozent der Psychiatrie an der Universität Berlin. (114 S.) 1923. 3.60 Reichsmark

Psychotherapie. Charakterlehre. Psychoanalyse. Hypnose. Psychagogik. Von Dr. med. et phil. **Arthur Kronfeld,** Berlin. Zweite, verbesserte und vermehrte Auflage. (323 S.) 1925.
12 Reichsmark; gebunden 13.20 Reichsmark

Suggestion und Hypnose. Von Dr. med. phil. jur. **Max Kauffmann,** Universitätsprofessor zu Halle a. S. Zweite, vollständig umgearbeitete Auflage. Mit 4 zum Teil farbigen Tafeln. (140 S.) 1923. 3.50 Reichsmark

Ⓦ **Psychogenese und Psychotherapie körperlicher Symptome.** Von **R. Allers**-Wien, **J. Bauer**-Wien, **L. Braun**-Wien, **R. Heyer**-München, **Th. Hoepfner**-Cassel, **A. Mayer**-Tübingen, **C. Pototzky**-Berlin, **P. Schilder**-Wien, **O. Schwarz**-Wien, **J. Strandberg**-Stockholm. Herausgegeben von **Oswald Schwarz,** Privatdozent an der Universität Wien. Mit 10 Abbildungen im Text. (499 S.) 1925.
27 Reichsmark; gebunden 28.50 Reichsmark

Erster Teil: **Entwicklung, Gestaltung und Bewältigung des Leib-Seele-Problems in der Medizin.** Das Problem des Organismus. Von O. Schwarz. — Das Leib-Seelenproblem vom Standpunkt der Philosophie und naturwissenschaftlichen Psychologie. Von P. Schilder. — Die individuelle Konstitution als Grundlage nervöser Störungen. Von J. Bauer. — Begriff und Methodik der Deutung. Von R. Allers.

Zweiter Teil: **Spezielle Pathologie psychogener Organsymptome.** Grundriß der psychogenen Störungen der Sprache. Von Th. Hoepfner. — Psychogene Störungen der Herztätigkeit. Von L. Braun. — Über Asthma bronchiale und psychogene Atmungsstörungen. Von L. Braun. — Psychogene Funktionsstörungen des Verdauungstraktes. Von G. R. Heyer. — Psyche und Hautkrankheiten. Von J. Strandberg. — Psychogene Miktionsstörungen. Von O. Schwarz. — Psychogene Störungen der weiblichen Sexualfunktion. Von A. Mayer. — Psychogene Störungen der männlichen Sexualfunktion (psychogene Impotenz). Von O. Schwarz. — Psychogenese und Psychotherapie von Organsymptomen beim Kinde. Von C. Pototzky.

Dritter Teil: **Psychotherapie.** Grundformen der Psychotherapie. Von R. Allers.

Literaturverzeichnis. — Sachverzeichnis.

Vorlesungen über Psychopathologie des Kindesalters. Von Dr. med. **August Homburger,** a. o. Professor und Leiter der Poliklinik an der Psychiatrischen Klinik in Heidelberg. (Etwa 850 S.) 1925.
27 Reichsmark; gebunden 29,80 Reichsmark

Ⓦ **Psychologie des Säuglings.** Von Dr. **Siegfried Bernfeld** in Wien. (277 S.) 1925. 12 Reichsmark; gebunden 13.20 Reichsmark

Die mit Ⓦ bezeichneten Werke sind im Verlag von Julius Springer in Wien erschienen

GPSR Compliance

The European Union's (EU) General Product Safety Regulation (GPSR) is a set of rules that requires consumer products to be safe and our obligations to ensure this.

If you have any concerns about our products, you can contact us on ProductSafety@springernature.com

In case Publisher is established outside the EU, the EU authorized representative is:

Springer Nature Customer Service Center GmbH
Europaplatz 3
69115 Heidelberg, Germany

Batch number: 10815974

Printed by Printforce, the Netherlands